TRUMPONOMICS2.0

トランプ経済革命

側近ブレーンたちの証言

スティーブン・ムーア
Stephen Moore
アーサー・B・ラッファー
Arthur B.Laffer
藤井幹久〔訳〕
Motohisa Fujii

トランプ経済革命

側近ブレーンたちの証言

序　アーサー・ラッファー博士から日本へのメッセージ

もうずいぶん以前からになりますが、私は、日本のことがとても好きです。

一九七〇年から七二年にかけて、私はニクソン大統領のもとで、ホワイトハウスで仕事をしていました。その後には、シカゴ大学で教えることになりましたが、数多くの日本人が留学生として来ていました。非常に優秀で、好感のもてる学生たちばかりで、日本がとても好きになりました。

第二次世界大戦後の日本は、きわめて生産性が高く、驚異的な経済成長を成し遂げたことが知られています。海外からの資金も受け入れ、その成長は世界に比類ないものとなりました。日本は、その潜在力をいかんなく発揮して、輝かしい時代を迎えていました。

しかし、一九八〇年代の終わりから九〇年代の初めにかけての時期に、日本は政策を誤ることになりました。みなさんがご存じの通り、消費税が初めて導入されました。そして、日経平均株価が三万八九〇〇円台のピークをつけたのは、一九八九年が最後となりました。

それからは、みなさんが体験してきた通り、世界のいかなる国も経験したことがない長く、深刻な不況の時代を過ごすことになりました。現在の日経平均株価は二万円程度ですが、三十一年前の一九八九年と比べても、まだ半分の水準に留まっています。

たしかに現代の日本が、さまざまな問題を抱えていることは事実でしょう。しかし、コロナ・パンデミックのさなかにある現在、日本は重要な分岐点にさしかかっています。日本政府がこれまでに採用してきた政策は、明らかに有効ではなかったからです。

世界第三位の経済規模にありながら、日本は、国際社会のなかでの存在感を失いつつあります。アメリカで起きている事情とは対照的に、日本からは巨大な富が流出してしまっています。日本経済を崩壊させた原因は、過去の誤った政策にあります。だからこそ、日本は正しい政策を実行するべきときに来ているのです。

危機の時代には、自由市場経済《フリーマーケット》が、ただひとつの重要な選択肢として必要とされます。自由市場経済というのは、何事もない平時におけるぜいたく品などではなく、危機のときにこそ不可欠となります。なぜなら、政府がする仕事よりも、はるかに有効に機能するからです。

政府の役割についても、説明をしておきたいと思います。日本政府のことであれ、他国の政府のことであれ、およそ税金というものは、悪いものです。ただし、さまざまな税金のなかでも、とりわけ悪い効果を生む場合があります。ですから、税金を取るにあたっては、経済に対するダメージを最小にする必要があります。

つまり、政府が支出を行うときには、経済に対する効果が最大になるようにして、また、税金を取るときには、経済に対する損失が最小になるようにするべきです。税金を取ることによる損失が、政府支出をすることによる効果を上回らないところで、政府は税金を取ることをやめなくてはならないのです。そこが、政府としての適正な規模を示していることになります。それよりも大きな政府であるならば縮小するべきであり、それよりも小さな政府であるならば、大きくしても構わないことになります。

現在の日本を見ていると、私には、日本の将来が非常に危険であるように感じられます。日本経済が勢いを失ってきた理由としては、良い経済学が有益であることを、日本人がよく理解できていないことも挙げられるでしょう。国際社会のなかでの日本は、素晴らしい存在です。日本が繁栄してくれなければ、世界も豊かになることができないのです。

私は、日本が間違った方向に進んでいくことを案じています。これまで採用してきた政策を捨てて、政府の財政支出を抑制し、税率が低くて、課税ベースが広いフラットタックス（一律税率）に移行するべきです。

日本のみなさんのためにお話ができたことは、とても貴重な機会でした。日本がこれまでに実行してきた誤った政策をやめて、経済を回復させることができるように、心から願っています。

消費税を一〇パーセントに増税したことは、間違いでした。

以上が、私からのメッセージであり、日本への希望です。日本のみなさんを、心から愛しています。日本によい未来があることを祈ります。日本のみなさんのために、私がお役に立てるのであれば幸いです。ありがとうございます。

二〇二〇年七月

アーサー・B・ラッファー

序　アーサー・ラッファー博士から日本へのメッセージ

第1章　トランポノミクスの輝かしい戦果

第2章　ＦＲＢ、米中貿易戦争、トランプＶＳバイデン

第3章　トランプ大統領からの緊急電話

第４章　伝説のラッファー曲線は甦る

第5章　増税は国を滅ぼす

本書は、アーサー・B・ラッファー氏、スティーブン・ムーア氏との二〇一九年、二〇二〇年の訳者によるインタビューと提供された資料をもとに編集されました。

第1章

トランスポノミクスの輝かしい戦果

トランプとの大統領執務室での会話

――トランプ政権の経済政策をめぐるインサイド・ストーリーを紹介した『トランポノミクス』（スティーブン・ムーア、アーサー・B・ラッファー共著、藤井幹久訳、幸福の科学出版刊）が、日本でも発刊されています。現在までのトランポノミクス（トランプの経済政策）の成果をどのように見ていますか？

ムーア　二〇一七年一月にドナルド・トランプが大統領に就任して以来、この三年間で、トランポノミクスの成果が実証されました。

二〇一六年大統領選のときにトランプ陣営で経済政策の顧問を務めていたラリー・クドロー（現在、国家経済会議委員長）、アーサー・ラッファー、そして私の三人が予想した以上の実績になりました。ドナルド・トランプにとっても、思いがけない成功となっていたはずです。

スティーブン・ムーア氏（訳者撮影）
ヘリテージ財団（ワシントンＤＣ）にて

二〇一九年九月には、失業率が過去五十年間では最低の水準となる三・五パーセントを記録していました。労働者の賃金も上昇していました。二〇一八年の実質GDP成長率は二・九パーセントに伸びて、もう少しで三パーセントに届くところでした。この経済成長率は、過去十年間では最高の数字でした。

二〇二〇年二月にも、アーサー・ラッファーと一緒に、ホワイトハウスの大統領執務室《オーバルオフィス》でトランプ大統領と会ってきました。そのときにも、すべてが順調に進んできたことには驚くばかりだと、お互いに語り合いました。

トランプは上機嫌で、このような言葉を私に語りました。

大統領選を戦っていた頃には、まったく考えてもみなかったところまで成功してきているな。これから一年後になったときに、さらにどこまでいけるかも楽しみだな。

トランプは、この景気の拡大がまだ始まったばかりだと考えていたのです。

しかし、コロナウイルスの発生によって、状況は完全に変わってしまいました。

――トランプの経済政策の基本にあるのは、アメリカ・ファーストという立場です。

ムーア　ドナルド・トランプが大統領に当選して以来、株式市場では株価が大幅に上昇しました（二〇二〇年二月十二日のダウ平均株価終値は、二万九五五一ドルの史上最高値となる）。アメリカ企業や株主たちにとっては、一〇兆ドル以上もの新たな富が創出されたことになります。これは、トランプが達成したあまりにも素晴らしい偉業でした。

著名なエコノミストたちの多くは、もし、トランプが大統領に選出されることになれば、大不況の再来になると警告していました。

しかし、現実に起きたことは、トランプが当選して以来、景気は拡大し、雇用も増えたということです。アメリカ人は好景気が到来したことを実感していました。トランポノミクスの成果であったことは間違いありません。

アメリカ経済が復活できた理由としては、ドナルド・トランプがプロ・ビジネス（ビジネス志向）であるということが挙げられます。トランプは、アメリカ企業の成功を願っています。アメリカのビジネスを第一に考えています。もちろん日本政府であれば、日本企業のことを最優先に考えることが当然の立場です。ですから、アメリカ合衆国の大統領が、自国のビジネスを最優先にすることは、何ら非難されるべきことではありません。

トランプ大統領の政策は、アメリカの企業と労働者の利益を守り、アメリカ経済を発展させることを目指しています。しかし、従来の政権では、そうした姿勢が必ずしも当然のことではなかったのです。自国のことよりも、ヨーロッパや南米やアジアで起きた出来事に関心をもつような大統領もいたからです。

トランプは減税政策で成功しました。規制政策でも、企業のコスト負担を軽減しました。エネルギー政策でも、アメリカ国内で採掘される石油、天然ガス、石炭などの天然資源の開発を推進しました。

トランプが実行したアメリカ・ファースト政策のすべてが、アメリカ経済を大発展させたのです。コロナ危機が始まる以前では、アメリカ人の多くは、景気は非常に良いと評価していました。アメリカの将来にも楽観的な見通しが生まれていました。

五パーセントの経済成長を目標に

——二〇一六年大統領選の公約を立案していた頃のエピソードとして、トランプの経済成長の目標についての考え方が、『トランポノミクス』では紹介されていました。

ムーア　ローレンス・サマーズ（クリントン政権の財務長官、オバマ政権の国家経済会議委員長）に代表されるエコノミストたちの多くは、アメリカの経済成長率は「二パーセント成長が限界だ」と主張していました。経済政策の顧問を務めていた私たちからは、「三パーセントから四パーセントでしたら実現可能です」と、トランプに提案していました。

しかし、ドナルド・トランプは、「五パーセントにしたい」と宣言していました。客観的に見るならば、高い目標であることは事実です。それでもトランプは、理想を高く掲げていました。

現在までの実績としては、三パーセント近くまでは到達することができました。良いところまでいけたと思います。現在のEU（欧州連合）でも、イギリスでも、日本でも、三パーセントの成長ができるのであれば、理想的に思われることでしょう。しかし、本来であれば、アメリカや日本のような先進国であっても、四パーセント成長を目指したいものです。

日本でも、実現できるはずだと思います。減税、規制緩和、通貨の安定、自由貿易などの政策を実行すればよいのです。新たな日米自由貿易協定の締結を進めて、貿易をさらに活発にすることです。トランプは、日本市場が十分に開放されていないと感じています。

日本は関税の引き下げには、さらに取り組めるはずです（二〇一九年十月に日米貿易協定が署名され、米国産牛肉などの関税引き下げを合意。現在、第二段階の交渉が予定されている）。

『トランポノミクス』の本に書かれていることは、アメリカだけではなく、どのような国にも通用する内容です。ビジネスを促進することや、雇用を拡大することは、すべての国にとって重要なテーマであるからです。

ドナルド・トランプ成功の秘訣

――トランプ大統領の人物像を、どのように感じていますか？

ムーア　ドナルド・トランプが成功できた理由は、ビジネスマン出身であることです。つまり、トランプは、雇用がどのように創出されるのかを知っています。どうすれば利益を出せるのかも分かっています。しかし、ほとんどの政治家は、そうしたことを理解していないように思われます。ビジネスマンの大統領が誕生したことで、アメリカには新しい風が吹き込まれることになりました。

ヨーロッパほかの世界各国のリーダーたちを見ていて、私がいつも感じるのは、ビジネスに対する理解がないということです。そうした人たちにも、ビジネスがどう動き、経済がどう回っているのかを理解してもらいたいと思います。アメリカ経済は素晴らしい成果を収めていますが、他の国からもトランプのような政策を実行できる指導者が出てきてほしいものです。

私としては、ドナルド・トランプのすべての考え方に賛成しているということではないのです。貿易政策や移民問題に関しては、必ずしも賛成でない部分もありました。しかし、トランプとは良き友人であり、トランプが大統領として立派な業績をあげてきたことは確かです。アメリカ国内でビジネスに有利な環境をつくることに成功しました。ビジネスが活発であってこそ、雇用が保障されることになります。

また、トランプは既存の政治家とはまったく異なり、型破りな考え方をする人物です。だからこそ、ありきたりの政治家に飽きていた有権者から選ばれることになりました。それが、アメリカにとって最高の選択であったことは、その実績が雄弁に物語っています。

アメリカは、本格的な経済の復活のときを迎えました。しかも、同じときに世界を見渡せば、ヨーロッパ経済や日本経済は停滞しており、中国経済は減速していました。アメリカは、世界の羨《せん》望の的となったのです。ですから、世界の国々はアメリカを見倣《なら》えばよいのです。

――『トランポノミクス』では、ポール・クルーグマン（二〇〇八年ノーベル経済学賞受賞者）やローレンス・サマーズの見解が批判的に取り上げられていました。しかし、日本ではむしろ有力な経済学者として知られています。

ムーア　ドナルド・トランプを批判する人たちが、これまでに言ってきたことは、間違い、間違い、間違いだらけでした。いつも役に立たないことばかりを述べ続けてきました。

それでも日本で、そうした人たちの主張に耳を傾ける人が多いのであれば、不思議なことです。まったく理屈の通らない話ばかりをしているはずだからです。

例えば、ポール・クルーグマンは、クルーグマンは折々に経済予測をしてきましたが、そのほとんどは的外れでした。実体経済がどう動いているかをあまり理解していないからです。しかし、トランプはつねに、クルーグマンの予測とは正反対のビジョンを持っていました。

ですから、そうした人たちの意見を聞くのは、もうやめた方がよいということです。経済を理解するためには、アーサー・ラッファー、スティーブ・フォーブス（フォーブス誌編集長）や私たちの考え方に注目してもらえたらよいと思います。

法人税率を半分に下げる

――トランポノミクスの三つの柱は、減税、規制の廃止、エネルギーの国内生産です。第一としては、減税政策が挙げられています。

ムーア　トランプ減税は、プロ・ビジネス（ビジネス志向）の政策です。

ドナルド・トランプが大統領に当選して以降、減税政策のプランが、企業や消費者の景況感に重大なインパクトを与えることになりました。法人税率を引き下げたことによって、アメリカは税制面での国際競争力でも優位に立てるようになりました。アメリカには世界中から一兆ドルもの巨額の資金が流れ込み、アメリカ経済を押し上げることになりました。

まさにトランプの当選が決まった夜の翌日から、あたかも照明のスイッチがオフからオンに切り替わったかのような実感がありました。お店に来るお客さんが、目に見えて増えていったからです。トランプならば景気を良くしてくれるという期待感が高まっていました。経済活動は活発になり、株式市場も反応して上昇を始めていました。

トランプ政権で好景気が実現した大きな理由のひとつが、減税政策でした。もちろん、トランプ大統領のもとで実行された、規制の廃止、貿易協定の見直しなどのプロ・ビジネスの政策のすべてが、景気の拡大に貢献しました。

――『トランポノミクス』では、経済成長のためには、特に、法人税率の引き下げが有効であると指摘されています。

ムーア　以前のアメリカの法人税率は、世界の国々と比較しても、かなり高い水準にありました。この法人税率の高さが、アメリカ経済にとっての足かせとなっていたことは明らかでした。アメリカは、競争相手となる他国と比べても先進国であるはずなのに、国外への資本の流出を招いていました。また、メキシコなどとの関係を見れば、資本の流出だけではなく、工場の移転や雇用の流出も起きていました。

ですから、当時の私たちトランプ陣営では、これは雇用の問題でもあると考えました。労働者階層の人たちの生活を守るためにも、アメリカから国外に去っていった雇用を、国内に戻さなければならないと考えたのです。

このような法人税率の引き下げは、マイクロソフト、グーグル、アップルなどの大企業だけではなく、数多くの中小企業の利益にもなりました。従来であれば、業績が好調で利益が出ている会社には、およそ四〇パーセント（連邦税と州税の合算）もの高率で法人税が課税されていたからです。しかし、国際的に見れば、二〇パーセントから二五パーセントあたりが平均でした。アメリカの法人税の税率が、他国と比べてあまりにも高かったことは明白でした。

ですから、私たちはトランプ政権での税制改革法案によって、この法人税率を、およそ半分の水準にすることに取り組みました。その結果、減税に関しては過去三年間で、非常に大きな成果が生まれることになりました。

日本でも、トランプと同じ政策を実行したらよいのです。まず、日本が行うべきことは減税です。法人税率を引き下げれば、日本企業は設備投資を増やして、雇用も増やすことができるでしょう。労働者の賃金を上げることもできます。日本の経済成長率を高めることができるはずです。

――ちなみに、トランプ減税の法案では、法人税を三五パーセントから二一パーセントまで引き下げましたが、当初のプランでは、大胆に十五パーセントを公約していました。

ムーア トランプ陣営で経済顧問を務めていた私たちからは、法人税率を二〇パーセント位にまで引き下げることを提案しました。しかし、トランプからは「いや、私は十五パーセントの税率にしたい」という言葉が返ってきました。そのときに同席していたのは、ラリー・クドローと私でした。

もちろん、トランプが本当に十五パーセントの税率を実現できるのであれば、私たちには願ってもいないことでした。ただ、そこにはトランプの戦略もあったと思います。まず、「税率を十五パーセントに」と言っておいた上で、最終的には、二一パーセントにまで引き下げる交渉を勝ち取ったからです。そういう意味では、とても効果的なやり方だったと思います。

当面は、法人税の税率を十五パーセントにまで引き下げることは難しいでしょう。法案としての成立を議会で合意できたのは、二一パーセントに下げるところまででした。

現在、民主党の大統領候補者のジョー・バイデンは、再び、税率を二八パーセントまで引き上げる方針です。民主党内では、三五パーセントまで引き上げるべきだという意見が強いのです。ですから、現在の水準を維持できるのであれば、十分に成功していると言えるでしょう。

トランプ減税の絶大な効果

――トランプ減税では、アメリカ企業の資金を国内に還流させるためのレパトリ（国内還流）減税や、企業の設備投資を促すための即時償却制度の導入も画期的でした。

ムーア　レパトリ（国内還流）減税では、アメリカの大企業が国外で滞留させていた巨額の利益を、アメリカ国内に還流させやすくしました。国内に還流する資金への税率を、トランプは当初、一回限りで一〇パーセントとする方針でした（二〇一七年税制改革法では、十五・五パーセントで成立する）。アメリカ国内での投資を促すことが目的でした。

法人税率を下げて、このレパトリ（国内還流）減税を導入すると、莫大な資金がアメリカに還流してきました。同時に、アメリカ国内には雇用も戻ってくる結果になりました。また、五年間にわたり企業の設備投資の全額を即時償却できるようにする制度も導入しました。これは、経済成長を促すためには非常に重要な施策となりました。この制度によって、企業による工場、設備、技術、コンピューターなどへの投資が促進されました。もちろん、労働者の賃金の上昇にも寄与しました。

この結果、企業の設備投資や技術開発投資が拡大することによって、アメリカ国内での工場建設が進むとともに、生産性が高まり、雇用も拡大しました。製造業の業績は、きわめて好調となりました。

以上が、二〇一七年に税制改革法案が成立して減税が実行されてから、二〇一九年末までに起きていたことです。素晴らしい成果が生まれたことによって、減税政策の正しさは現実に証明されたのです。

――これまでにも、ムーアさんは、全米を代表する有名企業のCEOたちとも数多くの議論を重ねてきたとのことです。

ムーア　大手の企業から中小企業まで、数多くの企業経営者と面談してきたなかで、いろいろな話を聞く機会がありました。もちろん、誰もが減税政策を支持してくれました。

ただ、私たちとしては、本当は、課税ベースを広げることも実現したいと考えていました。つまり、税率を引き下げるだけではなく、あらゆる企業が公平に税金を払う仕組みにしたいと考えていました。

なぜならば、法人税を三五パーセントで払う会社もあれば、法人税を払わないで済ませている会社もあるという状況になっていたからです。特別な税の優遇措置を受けている会社があるからです。私たちが税制改革で実現したいことは、そうした特権が生まれる仕組みを排除することにあります。税率を引き下げたとしても、税収も十分に確保できる税制にしたいと考えていました。

良い税金の基本原則は、「課税ベースは広く、税率は低く」です。そうした税制を実現させることが、私たちの願いです。まだ完全には実現していませんが、よりフラットで公平な税制に近づくことはできたと考えています。

上院での過半数をめぐる攻防

――二〇一七年十二月に、税制改革法案を上院で通過させるために、議員会館の部屋を訪ね歩いた様子も、『トランポノミクス』ではドラマチックに描写されていました。

ムーア　あのときには、有力な上院議員たちに、順番に直接に会って話をしていきました。とても貴重な体験になりました。面会したのは、共和党上院議員のなかで賛成票が危ぶまれていたジェフ・フレーク議員、ボブ・コーカー議員、スーザン・コリンズ議員といった人たちです。

「この減税法案は、すべてのアメリカ人に恩恵をもたらすことになります。ぜひとも賛成票を投じてください」と説得して回りました。

議員たちに賛成票を決意してもらえたことは、非常に重要な仕事になったと思います。上院での法案可決に必要な過半数の票を、何とか確保することができたからです。

賛否の票読みは、本当にきわどい状況でした。わずか一票か、二票の差で否決されるおそれもありました。二〇一七年七月には、オバマケア廃止法案が、上院では四十九対五十一で否決されていました。共和党のジョン・マケイン議員が反対票を投じたからです。税制改革法案でも、同じような事態が再び起きることは、絶対に避けなければならないと考えていました。ですから、上院で税制改革法案が可決され、瀬戸際での勝利が決まったときには、本当に安堵《ど》しました。

――二〇一六年十一月、トランプ当選が決まった三日後に、ムーアさんが下院の共和党議員団にスピーチをした内容が物議をかもしたというエピソードも、『トランポノミクス』では面白く紹介されていました。

ムーア　たしかに私は、「トランプの勝利によって、もはや共和党は〝トランプ党〟になった」と発言しました。私の言葉を聞いて、怒っている共和党議員たちもいました。しかし、現在になってみれば、共和党が〝トランプ党〟になっていることは明らかです。すでに共和党支持者のなかでは、トランプの支持率は九〇パーセント近いからです。ですから、私があのときに言ったことは、まったく正しかったと思いますよ。

――二〇一七年十二月に税制改革法案が成立してから間もない頃に、トランプとフロリダの別荘で語り合ったときの場面も、印象的でした。

ムーア　その話は、マール・ア・ラーゴでのディナーで、トランプ大統領と話をしたときのことですね。

「私たちが考えていたよりも、ずっとうまくいっていますよ」と私が言うと、トランプは満面の笑顔を見せながら「本当に、そうだよな」と答えてくれました。

トランプは、税制改革法案が生み出した成果に、非常に満足げな様子でした。私たちが政策立案を手伝ったことにも、トランプは感謝してくれました。

二〇一九年末までの実績で見れば、雇用創出は七〇〇万人にもなりました。過去五十年間では最低水準の失業率も記録しました。賃金の上昇ペースの強さも予想以上でした。数多くの工場がアメリカに戻ってきたことも思いのほかのことでした。

街の声はトランプに感謝する

――ビジネスマン出身で政治家の経験がなかったトランプが、二〇一六年大統領選で当選できた背景には、全米各地に、熱心にトランプを支持した草の根の人々がいました。

ムーア　面白い体験をしたことがあります。道を歩いていたときに、あるヒスパニック系の女性に行き合ったときの話です。

すれ違いざまに私の腕をつかんで、「あなたは、テレビに出演していたエコノミストの方ですよね？」と話しかけてきました。「スティーブン・ムーアさんですよね」と畳《たた》みかけてきたので、仕方なく「はい、そうです」と答えました。

すると、「トランプが減税をしてくれたことに、本当に感謝しています。ただ、ありがとうと言いたかったのです」ということでした。

そして、このようにも言っていました。

「私の給料は、それほど多いというわけではありません。でも、会社からは一五〇〇ドルのボーナスが出て、この三年間では初めて、まとまった休暇も取れました。何もかも、減税のおかげです」

最後に、彼女は「ドナルド・トランプに、ありがとうと伝えて下さい」と言い残して、去っていきました。

その人は、おそらく中流階層にやっと入るぐらいの収入だったと思われます。それでも、「減税のおかげで、給料が増えた」ことに感謝してくれていました。アメリカ人の多くが、給料の手取り額が増えたことを実感しています。

ですから、このトランプ減税は、決して富裕層のためのものではなく、むしろ労働者階層の人たちの生活を助けるためのものだったのです。

税制改革法案のプランを議論していたときに、ドナルド・トランプが、いつも語っていたことがあります。

「これは金持ち優遇の法案などではない。過去二十年もの長いあいだ、経済的苦境に喘《あえ》いでいた労働者たちを救うための法案なのだ」

理想的なフラットタックス

――『トランポノミクス』では、最も望ましい税制はフラットタックス（一律税率）だと指摘されていました。

ムーア　もし、フラットタックスを導入できるのであれば、税率は基本的に低くすることができます。そして、企業に対する特別な優遇措置は廃止されることになります。きわめて効果的な制度になるはずです。

税率が下がれば、アメリカ企業の投資は活発になり、生産性も向上します。また、税の抜け穴がないシンプルな税制になれば、企業は、会計士やコンサルタントたちによる専門家のチームをつくってまで、税務の仕事に対応する必要がなくなります。コンプライアンス（法令の遵守）のためのコストを削減することができます。何千ページもの税法を読んだうえで、税務申告書を作成する必要がなくなるからです。

例えば、これまでに税務の仕事に十五日間を要していたとしても、わずか十五分で手続きが完了してしまうようになります。

ある企業経営者と面会したときに、税務書類を積み上げてみると五フィート（約一・五メートル）もの高さになったという話を、私は聞かされたことがあります。途方もなく複雑な税金のルールの処理を求められることが、実体経済にどれだけマイナスになるのかを考えてほしいのです。シンプルで公平な税制にすれば、ビジネスは促進され、経済成長は加速されるはずです。

また、現行のアメリカの税制では、会社に利益が出ている場合には、会社には法人税が課税されますが、同時に、株主には配当やキャピタルゲインに対する課税も行われています。しかし、フラットタックスを導入すれば、この二重課税の問題は解消されます。

アメリカでも、こうしたフラットタックス制度が実現されることを、私たちは心から願っています。

――フラットタックスは、「課税ベースは広く、税率は低く」という理想的な税制の原則に合致していて、世界各国での成功事例もあります。

ムーア 日本にも、フラットタックスは必要でしょう。日本のように比較的、法人税率が高い国では、フラットタックスの導入がとても効果的です。もし、税率が半分になるならば、日本経済は非常に活性化するはずです。いまでも日本は豊かな国ですが、フラットタックスにすれば、もっと繁栄することができます。

アーサー・ラッファーが、以前に日本に何度か行っていると思いますが、そのときにもフラットタックスが、きわめて合理的な政策であることを話しているはずです。

香港でも、法人所得税ではフラットタックス（税率十六・五パーセント）が導入されていました。それが、香港経済がこれまで繁栄してきた理由のひとつでした（二〇一八年から、軽減税率の実施により税率は二種類に変更される）。

ちなみに、最低所得層には課税しない仕組みにすることもできます。例えばですが、年収が二万ドル（およそ二〇〇万円）以下の人たちに対する課税を免除しておけば、最低所得層に対しても十分に配慮することができます。それでも経済が成長すれば、富裕層の収入が増えることになるので、結果的には、そこからの税収でカバーされることになるでしょう。

――フラットタックスを導入することのメリットは、ほかにもありますか?

ムーア　フラットタックスに関しての重要なポイントは、自主的に税金を払うインセンティブが高まることです。結果的に、コンプライアンスが向上します。税金の制度が公正であるとの信頼があれば、きちんと納税されるようになるからです。あまりにも多くの人たちが納税の回避を図っているとすれば、そうすることが、むしろ当然だと見なされているからです。

アメリカの内国歳入庁(IRS)には、七万人規模の人員がいます。しかし、自主的な納税意欲が高まるのであれば、徴税機構がそれほど多くの人員を擁《よう》する必要もなくなります。

政府の規制というバリケード

――トランポノミクスの三本の柱のうち、二番目は規制の廃止です。トランプ政権での取り組みは注目に値します。

ムーア　規制政策に関しても、トランプ政権では、いまだかつてない成果が生まれました。私は、これまでに数多くの企業経営者の話を聞いてきましたが、最も要望されていた政策が規制の廃止でした。

トランプは、二〇一六年大統領選で、「新しい規制を一つ作るごとに、従来の規制を二つ廃止する」と公約しました。ただ、それを本当に実行できると信じていた人は、あまりいませんでした。

しかし、現在では、新しい規制が一つに対して、廃止される規制の数はおよそ八つとなっています（二〇二〇年七月時点）。公約をはるかに上回り、驚異的な実績となりました（二〇一七年十二月では、一対二十二の実績となっていた）。

規制の廃止とは、政府が企業の背中に乗せた重荷を取り除くことを意味しました。規制のコストを軽減したことは、企業の業績にはプラスになり、賃金の上昇にも寄与しました。もちろん政府による規制があるおかげで、空気や水が汚染から守られたり、金融システムの安定が図られたりしているのも事実です。しかし、実際に数多くの規制は、ビジネスを阻害していただけでした。

規制については、私は、このような説明をしてきました。

トランプ政権での規制は、あくまでも企業が道を踏み外さないためのガードレールの役割であるということです。しかし、オバマ政権での規制は、ガードレールではなくて、もはや路上のバリケードとなっていました。

特に、エネルギー産業に対する規制では、その傾向は明らかでした。

——トランプのプロ・ビジネスの姿勢とは反対に、オバマ政権では、企業に対する規制が強化されていたとのことです。

ムーア 左翼系の人たちは、石炭産業、石油・天然ガス産業、原子力産業、等々、あらゆる産業を憎悪しています。

特に、石炭産業では、規制による破壊の効果が顕著でした。オバマ政権でのクリーンパワー計画では、石炭火力発電所からの二酸化炭素（CO_2）排出が規制対象とされました。

しかし、アメリカの石炭火力発電所を閉鎖したとしても、地球環境が保全されることにはなりません。なぜなら、中国やインドでは、その何倍もの数の石炭火力発電所が、新規に建設され続けているからです。

ですから、アメリカが規制を強化することは、自国の産業を圧殺すると同時に、中国やインドに産業が移転するだけの結果になります。規制政策には、そうしたマイナスの側面があるのです（二〇一七年三月に、トランプ大統領はクリーンパワー計画を廃止する大統領令に署名する）。

また、製薬業界に対しては、ＦＤＡ（食品医薬品局）が、例えば、がん、心臓病、アルツハイマー病などの治療のための薬品やワクチンを規制してきました。現在はコロナウイルス治療薬の開発が急がれていますが、従来のＦＤＡでは、新薬承認の手続きの簡素化が課題となってきました。

自動車産業でも、ＥＰＡ（環境保護庁）が車の燃費基準の規制を緩和しました。トランプ政権は、規制からビジネスを解放して、アメリカ企業がグローバルな競争を行える環境を整えました。

シェール革命でエネルギー自立を達成する

――国内でのエネルギー資源の開発政策は、トランポノミクスの三番目の柱です。

ムーア　『トランポノミクス』の第八章「サウジ・アメリカ」でも紹介しましたが、トランプ政権のもとで、アメリカはエネルギー自立を達成しました。これは世界を驚かせる成功となりました。

シェール革命の実現によって、石油を自給できるようになりました。アメリカは、もはや石油を他国に依存する必要がないだけでなく、石油輸出国となりました（二〇一九年九月に、アメリカは七十年ぶりに石油の純輸出国となる）。

――アメリカ国内の資源開発では、「地下に埋めておけ《キープ・イット・イン・ザ・グラウンド》」とのスローガンに象徴される環境保護の反対運動がありました。

ムーア　エネルギー資源を「地下に埋めておけ」とする主張には、アメリカの石油・天然ガス産業を破壊する意図がありました。

トランプは、そうした環境保護運動を嫌悪していました。だからこそ、二〇一六年大統領選では、鉱山業や独立系の石油・天然ガス産業で働いていた人たちからの支持を受けることができたのです。

また、アメリカは、世界の各国と比較しても、はるかに豊富な石炭、石油、天然ガス、ウランなどの埋蔵量に恵まれています。そうした天然資源の資産価値の総計は、およそ五〇兆ドルとも推計されます。

これほど豊富な資源に恵まれていながらも、地中に埋蔵したままにしておけというのは、まったく正気の沙汰ではありません。宝物が埋まっているのに、掘り出さないで放っておくようなものだからです。

こうした天然資源を、アメリカの知的資源と組み合わせることができれば、二十一世紀も、アメリカは世界の覇権国であり続けることができるでしょう。

―― アメリカがエネルギー自立を達成したことで、地政学的なバランスは変化していく可能性があります。

ムーア 二〇二〇年三月以降で、石油価格が十八年ぶりに急落しました。産油国のロシアとサウジアラビアの石油増産が背景にありましたが、アメリカのシェール業者にとっては打撃となりました。しかし、エネルギー問題で、アメリカが敵対的な国々に支配されるような事態は避けるべきだと考えます。

また、環境保護活動家や、気候変動論者のために、アメリカの石油産業が破壊させられるような事態もあってはならないことです。アメリカが他国に石油を依存することは、アラブの首長たちや、ロシアのプーチンの政治的な思惑に揺さぶられることを意味しているからです。

環境保護運動の背後には、こうした国からの資金援助がある可能性も疑われます。左翼的な環境運動は、アメリカに敵対する国を利するだけで、アメリカの国益に反しているからです。ですから、財政的な問題としてだけではなく、安全保障の観点からも、石油・天然ガスの国内生産を進めていくことは、きわめて重要な政策となります。

――シェール革命は、エネルギー業界にとっては画期的な出来事でした。

ムーア　シェール革命を実現させた新技術は、エクソン・モービル、シェブロン、BPといった大手の石油会社ではなく、試掘業者と呼ばれる小規模な生産業者によって開発されました。数百万年以上も前から地下深くに資源を貯蔵してきた頁《けつ》岩層から、石油・天然ガスを採掘するための技術が生まれたのです。

水平掘削《くっさく》法では、地下二、三千メートルまで掘り進んだ後、地中の頁岩層を水平に掘削していきます。そして、フラッキング（水圧破砕法）によって、超高圧水で頁岩層に亀裂を生じさせる方法で、資源の採取が可能になりました。

こうした新技術が発明されたことで、従来のエネルギー業界の常識は完全に覆《くつがえ》されました。

ごく最近まで、バラク・オバマに代表される人々は、「人類が石油を使い続ければ、やがて枯渇してしまう」と大騒ぎをしていました。

しかし、結局のところ、石油が枯渇するような事態が起きることはないのです。あまりにもバカげた予測でした。実際には、「やがて枯渇する」どころか、生産が拡大している現状にあります。

アメリカは世界最大の採掘可能な石油と天然ガスの埋蔵量に恵まれる国になったのです。

地球温暖化の否定は非科学的か

——トランプ大統領は、二〇一七年六月にパリ協定からの離脱を表明して、気候変動問題に対する懐疑的な態度を明確にしました（二〇一九年十一月に、アメリカは国連に正式に離脱を通告する）。

ムーア　気候変動問題も、よく考えてみるとバカバカしい話です。地球温暖化が原因で海水面が上昇するというのですが、そもそも政府が対策できるような課題ではないのです。聖書の中でモーセが海を割ったという話がありますが、海水面の上昇を食い止めるというのも、それに類する壮大な話です。

しかも、地球温暖化説は、必ずしも科学的には証明されていません。

たしかに世界の気候は変動しているかもしれません。過去には氷河期もありましたし、何万年という単位では気候変動が起きたことも事実でしょう。しかし、まさにそうした課題を解決するための方法が、経済成長であり、科学技術の進歩なのです。やがて人類が、気候変動に対処できる方法を発明するときが来るかもしれません。

また、中国、インド、インドネシア、ベトナムなど、膨大な人口を抱えながらも経済成長を目指している国々は、依然として化石燃料を使い続けています。こうした国々が化石燃料の使用を止めないのであれば、やはり、アメリカ政府だけで問題を解決することはできないのです。

――地球温暖化問題をめぐっては、トランプの考え方は、リベラル系のメディアからは〝非科学的〟だと批判されています。

ムーア　トランプは、むしろ科学をよく理解している人物だと思いますよ。科学技術の進歩によってシェール革命が起きたことも、よく理解しています。また、安価なエネルギーを豊富に供給できれば、経済的に莫大な恩恵が生まれることも理解しています。

オバマ政権では、太陽光発電などの開発投資が行われましたが、こうした再生可能エネルギーの導入は、かえって電力価格を上昇させることになります。その結果、最もしわ寄せを受けることになるのは貧困層の人たちの生活です。リベラル政策が、現実には弱者を傷つけるものであることの良い実例となりました。

ですから、例えば、アフリカのような場所で、まだ高価で信頼性も低い太陽光や風力などの再生可能エネルギーを推進するようなことは、まったく不必要なことです。安価なエネルギーが豊富に提供されることで、貧困を撲滅したり、死亡率を低下させたりできるのであれば、人類にとっては進歩となるはずだからです。

世界中の人々がきれいな水を飲めることが目標となるように、安価な電力が安定的に供給されることは、きわめて重要な課題です。その結果、世界中の人たちの生活が改善されて、生命を守ることにもつながるからです。

第2章

FRB、米中貿易戦争、トランプVSバイデン

トランプ大統領からFRB理事に推薦される

――二〇一九年三月二十二日に、トランプ大統領はムーアさんをFRB（連邦準備制度理事会）の理事に指名する意向を表明しました。

これを受けて、二〇一九年四月一日付の日本経済新聞では「FRBを乗っ取る米大統領」との論説記事が掲載されています。非常に敵意を感じさせる見出しでした。

ムーア　その通りですね。トランプは、FRBにパウエル議長をはじめとする優秀なメンバーを配置しています。ですから、トランプが「FRBを乗っ取ろうとしている」ということではないのです。

新しいFRB理事には、経済成長がインフレを招くことはないと考える人物を推薦したいというだけのことです。トランプは、経済成長と物価の安定を両立させたいと考えているということです。そのこと自体は、決して非難されることではなくて、むしろ称賛されるべきことだと思います。

――ムーアさんがＦＲＢ理事に指名されることに関しては、日米のメディアともに、ムーアさんがトランプ大統領の側近であることが、ＦＲＢの中立性を阻害するとの論調がありました。

ムーア　たしかに、私とトランプとの関係が近すぎるという批判がありました。実際に、私がトランプと親しいというのは事実です。しかし、トランプは良い仕事をしているのですから、何ら批判されるべきことではないはずです。経済に関して言えば、トランプは大統領として素晴らしい実績を上げています。アメリカ人の多くも、そのことには同意しています。

私の見解は、経済成長がインフレを招いたりはしないということです。しかし、ＦＲＢにいる人たちの多くは、そのようには考えてはいないのです。同じような人たちが、私がＦＲＢ理事に指名されることに反対したということです。

しかし、私の代わりに、私の友人でもあるジュディ・シェルトン（欧州復興開発銀行の米国代表）らの二名が新たな候補とされました。ＦＲＢには、新たに優れたメンバーが加わるということです。ＦＲＢは経済成長を進める方向に変わっていくはずです。

――ムーアさんがＦＲＢ理事に推薦された件は、アメリカ政界でも注目される問題となりました。

ムーア　私の考え方は、決して物議をかもすようなものではないはずです。トランプがこれまで取り組んできたように、私も、経済を成長させたいと考えているだけです。

私は、経済成長によって高すぎる賃金やインフレが引き起こされるとは考えていません。政府支出をすれば、経済が成長するとも考えていません。また、紙幣を印刷することによって、経済が成長するとも思ってはいません。私の立場は、必ずしもハト派（金融緩和派）ということではないです。物価を安定させるためには、インフレもデフレも避けるべきだという考え方です。

トランプは既存の政治家とは違い、型破りな考え方をします。それが、国民から支持されている理由でもあります。トランプはアメリカの大統領として、アメリカを偉大な国にすることに全力を尽くしています。また、アメリカの企業と労働者の利益を第一に考えています。それこそが、アメリカ合衆国大統領がなすべき仕事であるはずです。

私は、アメリカにトランプのような偉大な大統領がいることを誇りに思っています。そして、トランプが私をＦＲＢの理事に推薦してくれたことも、非常に誇りに感じています（二〇一九年五月二日に、ムーア氏はＦＲＢ理事の指名候補を辞退する）。

ＦＲＢ議長の利上げに反対する

――二〇一八年十二月には、パウエルＦＲＢ議長は年間では四回目となる利上げをしていました。こうした金融政策をめぐり、二〇一九年六月に、トランプ大統領はＦＲＢ議長の解任について検討したと報道されています（二〇二〇年三月にも、トランプはＦＲＢ議長を「解任する権限がある」と強く牽《けん》制する発言をした）。

ムーア　トランプは、ＦＲＢの金融政策に対しては、かねてから懐疑的でした。トランプは、つねに高い経済成長率を願っているからです。アメリカ経済を成長させるためには、ＦＲＢは金利を高くしすぎていると考えていました。

また、トランプは、経済成長率が高くなってもインフレにはならないと考えていました。私も、そうした考え方は正しいと思います。

アメリカ経済だけではなく、日本経済もそうですが、現在はインフレの懸念はありません。しかし、FRBや日本銀行にいる人たちにとっては、そうしたことが、なかなか信じられないようです。「経済成長を減速させないといけない」という考え方をしがちです。しかし、それは間違っています。どうして自国の経済を減速させる必要があるのでしょうか。

もちろん、私は、インフレになることを望んではいません。しかし、実際にインフレの懸念がない以上は、金利を引き下げるべきだと考えたのです。トランプも、インフレにならないのであれば、金利の引き下げが必要だと考えました。ドルの供給も増やす必要がありました。そうすれば、景気を減速させずに済むからです。

したがって、二〇一八年十二月に、パウエルFRB議長が早急な利上げを行ったことは、大きな失敗でした。アメリカ経済は強く成長していましたし、ドルの需要も強い状況でした。景気の拡大は続いていて、賃金の上昇も良好な状態にありました。商品価格も下がり続けていました。アメリカ経済は、間違いなく素晴らしい状態にありました。

ですから、利上げは経済全体にネガティブな影響を与え、経済成長にはマイナスでした。市場に対するメッセージとしては、ＦＲＢは金融引き締めに動くという示唆になりました。

それでも二〇一八年末から二〇一九年以降では、株価は再び上昇を始めました。ＦＲＢには何百人もの経済博士号をもったエコノミストの集団がいますが、トランプの方が、金融政策については的確な判断をしていると思います。現在はインフレ懸念よりも、むしろデフレを心配するべき状況にあります（二〇一九年にはＦＲＢは利下げに転換し、コロナ危機以降の二〇二〇年六月には、二〇二二年末までの実質ゼロ金利維持を発表している）。

――ＦＲＢの金融政策についての課題は？

ムーア　ＦＲＢに関わる人たちの多くが、経済成長すればインフレになると信じています。彼らは、失業率が高い状態にある方が、インフレを抑制できると考えがちです。しかし、それはバカげた考え方です。経済成長によってインフレになるどころか、私は、むしろインフレは抑制されると考えます。

インフレが起きてもいなかったのに、ＦＲＢが利上げをしたのは問題でした。まったく余計なことをしたものだと思います。ＦＲＢが政策を誤れば、経済成長が犠牲にされることになります。

私は、経済成長を目指すべきだという立場です。人々の暮らしを豊かにしたいと考えています。低所得層の収入も底上げしたいと考えています。しかし、ＦＲＢが金利政策を誤るのであれば、そうしたことが実現できなくなります。

ＦＲＢが正しい金融政策を行えば、ドルは安定して、経済成長も軌道に乗ります。多くの国の通貨はドルと連動しているので、ドルの安定は、アメリカだけでなく世界の利益でもあります。

「自由で公正な貿易」という理念

―― トランプが、アメリカの貿易政策を大きく方針転換させたことも、トランポノミクスのテーマのひとつです。二〇一六年大統領選では、トランプは貿易協定の見直しを公約に掲げました。

ムーア　トランプが大統領に当選することができた勝因のひとつとしては、従来のアメリカの貿易協定に対して異議を唱えたことがありました。

アメリカ国外への工場の移転を、黙って見過ごしてよいのか？　アメリカ国内で労働者の雇用が失われたが、それでもよいのか？　アメリカと貿易相手国との不公正な関係を、見直さなくてもよいのか？

トランプは、そうした問題提起をして貿易政策を転換させました。中国に対しては、強硬姿勢を取ることにしました。現在までのところは、トランプはとても成功してきたと思います。

――トランプ自伝のタイトルとされていた「交渉の達人」（アート・オブ・ザ・ディール）を、トランプは貿易交渉でも実践しているようです。

ムーア　トランプは、典型的な自由貿易主義者ではありません。リスクを伴う戦略ではありますが、貿易相手国に対して、とても強い姿勢で交渉に臨んでいます。貿易相手国との間で、フェアな貿易協定に見直すことが目的です。アメリカにとって良い条件を勝ち取れるように交渉するのは当然のことです。

アメリカの消費市場は世界最大規模であり、三億人の人口による商品とサービスの大きな需要があります。例えば、ドイツからも日本からも、大量の工業製品を輸入しています。ですから、「アメリカの市場を開放しているのですから、あなたの国の市場も開放してください」と提案しているのです。貿易はフェアであるべきだからです。

最終的には、ドナルド・トランプは貿易交渉に成功できると思います。やがて世界各国が関税を下げて、世界中で自由貿易が行われる時代を到来させるのです。そのような世界が実現したときに、日本にとっても、ヨーロッパにとっても、他の国々にとっても素晴らしい時代になっているはずです。

――二〇一六年大統領選では、トランプの選挙演説での有名な決め台詞《ぜりふ》として、「自由で、公正な貿易」（フリー・アンド・フェア・トレード）という言葉がありました。

ムーア　トランプは、これまでに多くの貿易相手国との間で、フェアな貿易ができていないと考えていました。

特に、中国との貿易はフェアではないと考えました。日本ともフェアではないと考えました。

「自由で、公正な」という意味は、お互いに同じ条件のもとで自由貿易をするということです。しかし、各種のデータを比較すれば、アメリカよりも諸外国の関税率の方が高いことが示されています。

ですから、トランプは、公正な貿易が妨げられている国に対して、関税という手段を通じて制裁をかけることにしたのです。過去の大統領の時代には、このような戦略が採用されたことはありませんでした。

しかし、トランプは最終的に勝つことになるでしょう。中国も、日本も、ドイツも、アメリカとの貿易なくして経済を成長させることはできないからです。

アメリカを公正に扱うこと。それがトランプの要求です。

もし、アメリカの関税率が低いことを望むのならば、あなたの国も、関税率を下げてくださいということです。

トランプは中国と対決する

――トランプ政権が、中国との貿易問題の改善に取り組んだことは、過去の歴代政権と比べても、きわめて画期的なことでした。

ムーア　中国との貿易交渉に関して、最も重要なポイントは、アメリカが中国に対して圧力をかけたということです。こうした姿勢は、非常に有効な手段となりました。

一九八〇年代に、レーガン大統領がソ連と対決したときのように、中国に対して圧力を行使した結果、譲歩させることに成功しました。

二〇二〇年一月の米中一次合意では、中国は、アメリカ産農産物の輸入拡大を約束しました。また、推計で年間二〇〇〇億ドル以上の被害額とされる知的財産権や特許の保護に対する措置が講じられました。トランプは、大きな成果を勝ち取りました。

ただし、実際に合意が完全に履行されるかどうかは、見守っていく必要があります。

――一九八〇年代のレーガン大統領によるソ連との対決は、アメリカの冷戦の勝利につながりました。現代では、中国という共産主義国家が台頭しています。

ムーア　中国という国家は、さまざまな観点から見て、現代の新たな〝ソ連〟になっています。あなたがた日本人も、中国に対しては警戒するべきでしょう。

現在の中国は、軍事力を強化して、攻撃的な姿勢を鮮明にしています。世界各国の市場で、騙しや盗みを行い、暴力的にふるまっています。アメリカは、そうした中国の行動を改めさせようと取り組んでいます。

これは、世界のすべての国にとって利害関係がある問題です。日本やヨーロッパ諸国も、アメリカの姿勢に同調するべきでしょう。特に、グローバルな自由経済を共通の基盤としている日本のような国は、ドナルド・トランプが勝利することを望むべきです。

中国は、ＥＵ、日本、アメリカの善意を裏切っています。私たちを笑いものにしています。だからこそ、トランプは対決することを決意したのです。

「もう、これ以上は、我慢をすることはできない。中国が行動を改めないならば、もはやアメリカ市場にはアクセスさせない」ということです。

私は、トランプはとてもよい戦いをしてきていると思います。今後がどうなっていくかを見守っていきたいと思います。

――トランプの対中政策に関しては、ピーター・ナヴァロ大統領補佐官（通商製造業政策局長）の強硬論が影響してきたとされています。

ムーア　ピーター・ナヴァロは、中国はアメリカにとっての脅威であると指摘しましたが、まったく正しかったと思います。

中国が軍事的な脅威として台頭し、経済侵略を続けてきたことは明らかだからです。アジアでの支配を拡大するために南シナ海にも進出していますが、国際法を遵守させる必要があります。

また、中国がアメリカの技術や知的財産権を窃《せっ》取してきたのは確かなことです。トランプが大統領になってくれたおかげで、アメリカは、共産主義国家である中国との関係を見直すことができるようになりました。

しかし、中国との貿易協定での合意も、これで終わりになるかもしれません。アメリカ人は、中国からのコロナウイルスに対して、現在、とても強い怒りを感じているからです。人類に有害なウイルスが拡散されたことで、世界には莫大な被害が生じました。中国という国が、あまりにも危険であることを示しています。

チャイナ・ウイルスへの怒り

――トランプは、コロナ問題に関しては、明確に「チャイナ・ウイルス」と表現しました。

ムーア　トランプによる「チャイナ・ウイルス」との言葉は波紋を呼びました。しかし、トランプはまったく正しいです。

中国政府が、ウイルス発生の事実を世界に対して隠蔽《ぺい》していたことは、あまりにも悪質でした。

アメリカは、世界的なコロナウイルス感染拡大の中心地になってしまいましたが、もし早い段階で知ることができていたら、十分な対策を講じることもできたはずです。

中国政府の悪質な行動に対しては、トランプだけでなく、アメリカ人としては大きな怒りを感じています。まるで殺人兵器のようなコロナウイルスのために、今後、何百万人もの生命が危険にさらされる可能性があるからです。

――コロナウイルスの感染拡大により、トランプは三月十三日に、国家非常事態宣言を行いました。しかし、ロックダウン（都市封鎖）によって経済活動が停止してしまいました。

ムーア　いま最も重要な判断とは、経済活動を止めないで、再開することです。そうすれば、人々は失業しないで済みます。

アメリカだけでなく、アメリカ以外の国々もロックダウンに入っていきましたが、世界経済にとっては最悪の状況になったと思います。早く人々を仕事に戻していくべきです。

――ロックダウンが行われるまでのアメリカ経済はきわめて順調でした。

ムーア　トランプは、経済政策については正しい判断をしてきました。アメリカ企業の成長を助けてきましたし、アメリカの消費者も自由市場の恩恵を最大限に受けていました。

何を生産するのか？　何を、どれくらい買うのか？　価格は、どうあるべきか？　こうしたことは、政府が介入して決めるべきことではなく、市場の機能に委ねることが正しいのです。

やがては、トランプが、アメリカ史上では最も自由市場経済の価値を守った大統領であったことが理解されるでしょう。トランプが実行してきた小さな政府、安い税金、規制の排除という方針が正しかったことが実証されていました。

実際、二〇二〇年の一月、二月までの景気は、きわめて好調でした。失業率も非常に低く、アメリカのＧＤＰ（国内総生産）は拡大していました。こうした成果も、二〇二〇年大統領選では、もちろん争点になっていくはずです。

二〇二〇年大統領選の展望

――トランプ減税の次の段階として、給与税（雇用者と労働者の双方が、給与額の約七パーセントを負担。日本の社会保険料に相当する）の免除を提言しているとのことです。

ムーア　二〇二〇年末までの期間に、給与税をいったん停止すれば、きわめて効果的なものになると考えています。または、十二カ月間など期間限定でもよいと思います。

給与税の免除をすれば、企業と労働者を同時に助けることができます。なぜならば、すべてのアメリカの労働者に、実質的に約七パーセントの昇給をもたらすからです。また、企業の側にとっては、雇用コストが軽減されるからです。雇用を増やすインセンティブにもなります。

この減税が実施できるのであれば、きわめて効果的な景気対策になります。もちろん、トランプの再選にも追い風になります。

――経済政策に関しては、民主党陣営の主張は、完全にトランポノミクスに反しているように見えます。

ムーア　まったく、その通りです。民主党の大統領候補者ジョー・バイデンの主張を見てください。富裕層や企業に対して重税を課すことや、政府の財政支出を増やすこと、アメリカのエネルギー開発を止めることなどです。

トランポノミクスとは正反対のことばかりです。バイデンは、トランポノミクスの成果を破壊しようとしています。

――民主党予備選では有力候補者だったバーニー・サンダースやエリザベス・ウォーレンも、きわめて左翼的でした。

ムーア　サンダースも、ウォーレンも社会主義者です。トランプ減税を終わらせて、以前の状態に戻したいのです。しかし、それではアメリカ経済は台無しになってしまいます。

民主党陣営が考えていることは、もう一度、権力を奪還するためには手段を選ばないということです。たとえ、アメリカ経済が破壊されたとしても構わないということなのです。そうなれば、トランプが落選することになるからです。そうした人たちが、政権を取り戻して、権力を握ろうと企《たくら》んでいるのです。

ですから、次の大統領選挙で、トランプとバイデンのどちらを選ぶのかということは、非常に重要な問題となります。もちろん、どちらを選ぶべきなのかは明白ではありますが。リベラル陣営、つまり、トランプの理念を攻撃している人たちの実態を、有権者があまりよく理解できていないことを、私は心配しています。

現在、懸念されることは、コロナウイルスの影響によって景気が悪い状態のままであったならば、変化を求める有権者がバイデンの方に投票してしまいかねないことです。

このコロナ問題が起きる直前までは、トランプが地滑り的な勝利を得ることが予想されていました。しかし、現在の状況のままであれば、かなりの激戦になる可能性があります。私としては、トランプが勝つことを期待していますが、かなりの接戦になるかもしれないとも感じています。

世界中がアメリカ大統領選挙の行方に注目しているとは思いますが、いまは本当に混沌とした状況になってきています。

民主党の過激な左傾化

――民主党の左翼的な主張は、トランプの考え方とは対照的です。

ムーア　二〇二〇年大統領選が、非常に重要な選挙となるのは、トランプがアメリカの自由を守る立場にあるからです。これに対して、民主党予備選の候補者たちは、まるでヨーロッパの社会主義者のような話ばかりをしていました。

現代のヨーロッパで起きていることを見てください。単一市場ができていますが、ヨーロッパ経済には活気がないです。このまま変化することができなければ、いずれ衰退していくことが予想されます。

ですから、私たちは大統領選に勝利しなければならないと考えています。トランプは景気を拡大させた偉大な大統領であり、今後も政策を継続していく必要があるからです。

これに対して、民主党はすべての政策を引っ繰り返すことを主張しています。グリーン・ニューディール政策を押しつけ、規制を増やして、アンチ企業の重税を課したいと考えています。しかし、それではアメリカ経済は破壊されてしまいます。不況で苦しんでいた数十年前の時代に逆戻りすることになってしまいます。

現在の民主党のかなりの部分は、過激な左翼勢力になってしまっています。民間企業に対してはあまり信頼をおかない代わりに、政府の能力というものに過剰な信頼をおいています。

バーニー・サンダースやエリザベス・ウォーレンたちの主張を見れば、現在の民主党の特徴がよく分かります。例えば、何でもタダにしろとか、不法移民を受け入れろとか言います。とんでもないことです。アメリカであっても、あらゆる国の人たちに、際限なく手を差し伸べることはできないからです。国家が破産してしまいます。

しかし、そうした政策を実現するためならば、税率を五〇パーセント、六〇パーセント、七〇パーセントへと上げていけばよいというのが、彼らの考え方です。恐ろしいことです。もちろん、アメリカ経済にとっては何もよいことはありません。

——そうした政治家たちの左翼思想は、マルクス主義に由来していると思います。

ムーア　現代のアメリカやヨーロッパでは、昔帰りの思想が流行っています。私が理解しているところでは、二〇世紀の世界ではマルクス主義、毛沢東主義、共産主義、計画経済といったものは、すべて失敗に終わりました。

他方で、第二次世界大戦後の日本やドイツのように、自由な体制をもった国では、経済が急成長しました。二〇世紀における素晴らしいサクセス・ストーリーとなりました。

ただ、いま私が心配していることは、豊かになることができた国が、自国の経済を破壊し始めていることです。

日本も、税金を安くするべきです。日本の法人税は、世界でも比較的高い水準にあります。日本企業にとって有利な税制にしたいと思いませんか。自国のビジネスに対して、みずから懲罰を課すようなことはやめるべきです。自国の製品やサービスを脅かしているだけで、およそ何の意味もないことです。

トランプかバイデンかの選択

――民主党のジョー・バイデン候補を、どのように見ていますか？

ムーア　バイデンは愛嬌がある人物ではあります。バカな発言を繰り返しても、それなりに人気があります。とてもリベラルな立場ですが、身近なおじいちゃんのような親しみを感じさせてくれます。

ただ、失言が多いので、民主党にとっては理想的な候補とはいえないでしょう。しかし、トランプのことが嫌いな人たちが、バイデン支持にまわっています。

また、前政権はオバマ大統領とバイデン副大統領の組み合わせでしたから、リベラル派の有権者のなかには、またオバマ時代に戻りたいと考えて、バイデンを支持する人たちもいます。ただ、トランプとオバマというのは、まったく正反対の立場です。

ですから、二〇二〇年大統領選は、ただ、トランプ対バイデンという二人の個人の対決だけでは語れないところがあります。この二人の対決があらわしている、対立する思想の戦いでもあるのです。

――たしかに、オバマの考え方は、トランプのプロ・ビジネス（ビジネス志向）の立場とは完全に反対でした。

ムーア　バイデンの立場も、どちらかと言うとプロ・ソーシャリズム（社会主義志向）で、経済成長を憎悪している思想なのです。とても危険な考え方をしています。

――コロナウイルスの感染拡大が止まらなければ、今後のアメリカ経済が長期の不況に入っていくことも懸念されます。

ムーア　景気が改善されるならば、トランプは大統領選に勝てるはずです。ですから、アメリカ経済を急回復させて、現在の状態から早く脱出する必要があります。有権者が、アメリカが良い方向に向かっていると感じられるならば、トランプの勝利になります。しかし、このまま景気が悪くなる一方の場合には、トランプが負ける可能性も出てきます。ですから、経済を早く健全な状態に戻さなければなりません。現在、アメリカ人が不安に陥っているのは事実です。ですから、将来に希望を感じさせることが必要です。

トランプがした仕事は、完璧とまでは言えないとしても、素晴らしいものであったことは間違いないです。トランプを批判している人たちは、トランプが労働者のために戦ってきたことを、十分に理解できていないのだと思います。

グリーン・ニューディールという虚妄

――民主党予備選の候補者たちからは、医療保険改革案として国民皆保険制度（メディケア・フォー・オール）という公約も出ていました。

ムーア 民主党から出てくるその種の政策としては、国民皆保険制度からグリーン・ニューディール政策まで、いくらでも挙げることができます。

私は、医療保険制度を政府が運営するべきではないと考えます。診療を受けられる人と受けられない人を、政府が決めるような制度になれば、医療の品質は低下します。診療を受けるために、長い行列に並ぶことにもなります。

また、アメリカでは高水準の医療を受けることもできますが、政府が管理する制度になれば、そうした医療水準が確保できなくなるおそれもあります。

ですから、公営の交通機関のサービスと同じようなレベルで、医療保険制度を運用するべきではないのです。また、そうした制度を実現するためには、何兆ドルものコスト負担が必要となりますが、そのための財源も見当たりません。

――オバマ政権では、グリーン・ニューディール政策が掲げられました。環境保全のための再生可能エネルギー開発によって経済活性化を図るという計画でした。

ムーア　グリーン・ニューディール政策は、あまりにもひどい政策でした。

オバマ政権では、太陽光や風力発電などへの移行を計画して、スマートグリッド（次世代送電網）整備のための投資を進めました。しかし、再生可能エネルギーによる電力は、まだ高価格で安定性に欠けています。

低価格で安定したエネルギーを確保することは、国家にとって重大な課題となります。

エネルギーは、あらゆる経済活動のもとになるからです。

アメリカは、グリーン・ニューディール政策など必要としていないのです。アメリカは化石燃料に恵まれているからです。

世界一の石油と天然ガス生産国となり、石油の自給を達成しています。石炭に関しても、五〇〇年分の埋蔵量が存在しているだけでなく、クリーンに利用する技術も開発されています。

つまり、「〝緑《グリーン》〟（環境保護）は、新たな〝赤《レッド》〟（社会主義）だ」ということです。環境保護運動を利用して、政府による経済の統制をめざしたのが、オバマ政権の姿勢でした。バイデンも、グリーン・ニューディール政策の推進派です。

しかし、電力価格が上昇すれば、低所得層の生活を苦しめることになります。ですから、私はこれまでグリーン・ニューディール政策に反対してきたのです。

ケインズ政策による負の効果

――ムーアさんは、リーマン・ショック以後のオバマ政権での大型景気対策にも、今回のコロナ危機での景気対策にも批判的な立場です。

ムーア　オバマ政権は発足直後に、当時としては史上最大規模となった七八七〇億ドルの景気刺激策を実施しましたが、まったく効果的ではありませんでした。あのときに失敗したオバマノミクスに近づいていってはいけないのです。

そうではなくて、サプライサイド経済学の方向に進んでいくべきです。どうしたら生産を増やせるのか？　どうしたら雇用を増やせるのか？　どうしたら労働者の生産性が上がるのか？　そうした考え方をしていくべきです。

したがって、二〇二〇年三月二十七日に成立した二兆ドル規模の景気刺激策を、私は評価できません。なぜなら、人々が正しく報われるものではないと考えるからです。仕事をすることにも、雇用をすることにも、マイナスに作用するからです。政府に依存するように仕向けているだけなので、最悪なやり方です。悪い効果を生むことになるので、こうした考え方を取るべきではないのです。

――今後の日本政府が取るべき経済政策としても、サプライサイド経済学の考え方は参考になります。

ムーア アーサー・ラッファーが、過去の日本の事例を紹介していますが、過去数十年にわたり、日本政府はケインズ政策によって財政支出を増やし続けてきました。その結果、GDP成長率がきわめて低調になっています（一一二ページ参照）。

これが、日本経済で起きていた現実です。アメリカでは、この日本の事例のようにはなりたくないものだと思います。

日本では、長年の間、誤った信念が広く受け入れられていました。政府支出が日本経済を復活させ、強い経済成長をもたらすとされていたのです。しかし、そうした考え方は間違っています。むしろ減税をするべきです。

政府による統制や計画経済ではなく、民間部門が日本経済を再構築するべきなのです。日本も、トランプの政策に倣《なら》えばよいのです。

日本政府は、財政支出を減らす必要がありますし、税率も下げるべきです。世界のなかでは、比較的高い水準にある法人税を下げるべきです。いまのままではダメです。

日本でもトランポノミクスを実行すれば、好景気が生まれるはずです。

――日本人にとっても、トランポノミクスのアイデアは、とても貴重なものです。

ムーア　日本にもトランポノミクスが必要なのだと思います。日本が消費税率を上げたことは、愚かな選択でした。どうして、そのような政策を実行したのか疑問です。アベノミクスもありましたが、やはり、トランポノミクスが必要でしょう。トランプが実践してみせたアメリカの成功に倣えば、日本経済も活況を呈することができるはずです。

『トランポノミクス』の本で書かれていたことは、経済政策のプランでした。ラリー・クドロー国家経済会議委員長、アーサー・ラッファー、私の三人が、どのように考えて、どのように試行錯誤してきたのかが書かれています。そして、そのトランポノミクスが正しかったことは、現在までのアメリカ経済の成功によって、結果として証明されています。

――トランポノミクスとしての今後の課題はありますか？

ムーア　移民制度の改革が必要です。技術や能力があり、ビジネスに貢献できる人たちを、世界各地からの移民としてアメリカは歓迎しています。そのような人たちこそ、アメリカの貴重な資産となるからです。アメリカは、移民に対してさらに開かれているべきだと考えます。今後も、移民政策はアメリカの重要な課題となるはずです。

それから、アメリカ国内のインフラ建設を進めていくことです。必ずしも税金でつくる必要はありません。パイプライン、道路、橋を、民間資金で建設していくこともできます。すべてを公共部門で担う必要はないのです。

医療保険制度にも改革は必要です。自由な市場を保障して、どのようなプランに加入するのか、多様な選択肢を提供できる制度にするべきです。それを公共部門で行うのか、民間部門に委ねるのかで、アメリカでは大きな議論があります。しかし、自由な選択が必要なことは明らかです。私の考えとしては、公共部門よりも、民間が主導するかたちでの医療保険制度の改革を期待したいところです。

消費増税は最悪の選択

――安倍首相の方針は、消費税を一〇パーセントに増税することでした。

ムーア　それは、ひどい考え方です。今、増税するというのは、およそ考えられる限り、最悪の選択です。経済が成長していないことを考えれば、増税するというのは、非常に悪いアイデアです。増税は、経済から資金を吸い上げることになるので、経済成長を取り戻せなくなります。

――増税が悪い政策である理由は?

ムーア　生産性が高い民間部門から資金を取り上げて、生産性の低い政府部門に回すことを意味しているからです。どのような場合であっても、増税が正しいということはありえません。増税によって豊かになった国など、いまだかつてないからです。

正しい政策のもとで、経済成長は加速します。今、増税するのは、完全に間違った政策です。むしろ、法人税と所得税を減税しなければならないときであるはずです。

世界の国々は、アメリカがしている政策に学んで、それに倣ったらよいと思います。この政策は、うまくいっているからです。トランプが実行した経済政策によって、アメリカは、世界の羨《せん》望の的になりました。トランポノミクスで、アメリカ経済はフル回転することになったのです。

――『トランポノミクス』の日本人読者にメッセージをお願いします。

ムーア 『トランポノミクス』が、多くの日本人に読まれることを望んでいます。なぜなら、『トランポノミクス』では、ただ、アメリカのことが書かれているだけではないからです。『トランポノミクス』には、日本への教訓があるからです。もちろん、ドイツにでも、イギリスにでも、当てはまります。

どのように経済を復活させるか、経済を活性化させて、経済成長を強化できるのかについて書かれています。経済成長に限界などないのです。

経済成長率は二パーセントか、三パーセントもあればよいというのでしょうか？　日本でも、もっと経済成長ができるはずです。景気が良かった時代を取り戻すことができるのです。日本人の暮らしをもっと良くすることができます。よい仕事に恵まれて、給料も上がり、消費も増やせて、もっと幸福になれるのです。

トランポノミクスでは、経済成長に限界があるという考え方は受け入れていません。経済成長は、善なのです。経済成長によって、さまざまな問題を解決することができるからです。また、技術革新があれば、生産活動は活発になり、さらに生活が改善されます。いつの時代にも、人類の抱えていた問題は、病気、自然災害、戦争といったものでした。しかし、繁栄することができれば、さまざまな問題が簡単に解決できるようになるのです。

日本にも、巨額の政府債務という問題があるとのことです。アメリカでも政府債務の拡大は問題になっています。では、どうやって解決したらよいのでしょうか？　そうです。経済成長が答えです。高い経済成長率があればよいのです。

経済が成長すれば、税収が増えるので、債務を減らすことができます。政府債務の問題を考えるときに、本当に問題になるのは、そのＧＤＰに対する比率です。政府債務があったとしても、ＧＤＰが増えていくならば解決できるのです。ＧＤＰが拡大していけば、債務は相対的に小さくなっていくからです。それが、トランプの考え方です。

――トランプ大統領は、日本にもよき理解者が必要だと思います。幸福の科学グループ・大川隆法創始者兼総裁は、二〇一六年大統領選での当選以前からトランプを支持していました。

ムーア　ドナルド・トランプをご支持くださったことに感謝します。おかげでアメリカ国民は報われましたし、特にアメリカの労働者が報われることになりました。日本でも、アメリカと同じような政策がとられることを祈っています。

トランプは、「アメリカを再び偉大な国に」しました。そして、私たちは、「日本にも再び偉大な国に」なってほしいと願っています！

第3章

トランプ大統領からの緊急電話

安倍首相が『トランポノミクス』を読んでいたら

――本書の内容は、二〇一九年に、日本でも翻訳出版された『トランポノミクス』の続編という位置づけで発刊されます。

アーサー・ラッファー博士からのメッセージは、安倍晋三首相、黒田東彦日銀総裁ほか、日本の政治家や政策関係者には、必読の内容になることでしょう。

ラッファー 安倍首相にも読んでもらえるとよいですね。もし、安倍さんが、『トランポノミクス』を読んでくれていたならば、もっといい仕事をしているはずなのですが。

――たしかに、その通りですね。

ラッファー 今、言ったことはジョークですよ。私のユーモアが分かりましたか?

アーサー・ラッファー氏（訳者撮影）
ラッファー・アソシエーション（テネシー州ナッシュビル）にて

――もちろんです。ただ、アーサー・ラッファー博士のアドバイスは、日本人にとっても非常に貴重なものであることは確かです。これまで、歴代のアメリカ大統領に政策提言をされてきたとのことですから。

ラッファー もう、かれこれ五十年近くもの間、私は、そうした仕事を続けてきました。私は、日本の首相にでも喜んで会いに行きますよ。もっとも、安倍さんは、まだ一度も私を招いてくれてはいませんが。

トランプ大統領からの三回の電話

――今回のコロナ危機に対処する経済対策の立案にあたっても、トランプ大統領から直接、アドバイスを求められたとのことです。

ラッファー 二〇二〇年三月十九日木曜日の夜、トランプ大統領から私宛ての電話が、三回かかってきました。

私は、すでに就寝していたので、電話を取ることができませんでした。三回目にかかってきたときに、ようやく階下で電話が鳴っていることに気づいて、かけ直すことができました。午後九時一八分（東部時間の首都ワシントンＤＣでは、午後一〇時一八分）に、トランプからの折り返しの電話がきたので、直接、話をすることができました。会話の時間は、二十分ほどでした。

トランプは、私との会話を終えた後で、ラリー・クドロー国家経済会議（ＮＥＣ）委員長とも電話で相談をしてほしいとのことでした。そして、クドロー委員長と、スティーブン・ムニューシン財務長官との電話会議を提案してくれました。

ただ、私の方からは電話をしてみたのですがつながらず、ホワイトハウスとの連絡は取れずに終わってしまいました。翌日の金曜日になってから、私は、また何度か連絡をしてみました。しかし、クドロー委員長から数回の電話をもらうことができ、ムニューシン財務長官からも電話が一回あったのは、土曜日になってからのことでした。

——トランプ大統領との直接の会話のなかで、ラッファー博士からの政策アドバイスをされたということですね。

ラッファー　これから私が紹介することは、トランプとの会話のなかで、私の方からトランプに伝えた内容です。トランプ自身が考えていたことや言っていたことは、むしろトランプ本人が語るべきことです。それに関しては、私の立場でなすべきことではないと思います。

トランプが素晴らしい人物であるということは、最初に言っておきたいと思います。そうした時間帯であっても、機敏で、はつらつとしていて、集中力は冴《さ》えわたっていました。私が伝えたいと考えていた内容も、ただちに理解してくれていました。

ニクソン・ショックを実体験する

——一九七〇年代に、ホワイトハウスの政策担当者としてニクソン政権に参加していたとのことです。

ラッファー　これまでにも私は、同じような危機的な状況を、何度も直接に実体験してきました。一九七一年から七二年にかけての経済危機のときには、ジョージ・シュルツ行政管理予算局（ＯＭＢ）局長（のちに財務長官、レーガン政権では国務長官を務める）のもとでホワイトハウスでの仕事をしていました。

キャンプ・デービッドでの緊急会合で決定することになった内容は、①ドルの切り下げ、②アメリカの金本位制からの離脱（ドルと金の交換を一時停止）、③一〇パーセントの輸入課徴金制度の導入、④雇用促進投資への税額控除、⑤賃金および物価の管理でした。

その後にめぐってきた大惨害は、伝説的ともいえるものでした。株式市場では、株価は五〇パーセントも下落しました。まるでホラー映画のなかで絶叫している五歳児のように、人々は慌てふためき悲鳴を上げていました。もちろん、ジョージ・シュルツはそのように取り乱した態度を取るようなことはありませんでした。

一九七二年から七四年にかけては、ウォーターゲート事件が起きました。この大混乱の渦中にいた側近たちとも、私はごく近い関係にありました。当時のホワイトハウスにいた二十五人の政権スタッフのうち、何らかのかたちで有罪とされたのは十八人でした。このような私の言い方は、多少は大袈裟に聞こえるかもしれません。ただ、この十八人のなかに私が入っていなかった理由は、上司のジョージ・シュルツが、私がその一員に加わることを許さなかったからです。これまでの人生で出会ったなかで、シュルツほど倫理観が高く、率直で正直な人物はいませんでした。

――ニクソン政権以降も、ホワイトハウスの重要な政策に関わってきたとのことです。

ラッファー　フォード政権を沈没させた一連の「インフレを退治する」政策での混乱にも関係はありました。その頃に政権にいたドナルド・ラムズフェルド（フォード政権、ジョージ・W・ブッシュ政権で国防長官を務める）とディック・チェイニー（フォード政権で大統領首席補佐官を務めジョージ・W・ブッシュ政権の副大統領）とは親しい友人同士でしたので、よく連絡を取り合っていました。チェイニーと私は、イェール大学の同窓生でした。

一九七四年に、ワシントン・ホテルでの夕食のときに、私がカクテル・ナプキンに〝ラッファー曲線〟を描いたことがありました。そのときに同席していたのも、ラムズフェルドとチェイニーの二人でした。もうひとりは、ジュード・ワニスキー（ウォールストリート・ジャーナル紙編集委員）でした。

そして、一九七六年大統領選でレーガンが出馬したときには、選挙陣営に参加して手伝うことになりました。

レーガン減税の立役者となる

――レーガン政権との関わりは、とてもよく知られています。

ラッファー　カーター政権下で続いた失政に対しては、私も〝レジスタンス〟活動に参加しました。

レーガンの一九八〇年大統領選のときには、一九七九年からの選挙運動に、当初は十五人程度のメンバーで構成されていたレーガン陣営の上級諮問委員会のひとりとして参加しました。また、レーガン大統領の二回の任期を通じては、大統領経済政策諮問委員会のメンバーとして仕事をしました。そして、再選をめざした一九八四年大統領選では、レーガン・ブッシュ陣営の財政委員会で十二人の執行委員の一員も務めました。

一九八一年税制法案の作成にも参画しました。また、一九八一年から八二年にかけて景気後退が起きたときに、一九八二年税制法案をめぐって三年目（一九八三年）の減税を中止にする動きがありました。私は、それを阻止するための仕事にも深く関わりました。

この当時に、私は政権内部で孤立しがちな立場となっていました。しかし、このときもジョージ・シュルツの後押しがあったので、正しい仕事をしていると確信することができました。また、レーガン大統領の支持もあったので、最後には勝利できるだろうと考えることができました。

一九八七年十月に株式市場の暴落が起きたときにも、私は、大統領経済政策諮問委員会のメンバーとして、政権内部で交わされた議論の一部始終に参加していました。結局、「立ちつくしているだけではなく、余計なこともしない！」との正しい判断に落ち着くことができました。この結果、レーガンはみずからの二期の任期だけでなく、後継となったジョージ・H・W・ブッシュまでを入れると、三回連続で大統領選に勝利することができました。

ただ、第四十一代ブッシュ大統領は当選後になると独自の姿勢に傾斜したため、その四年後の大統領選では、ビル・クリントンに敗北してしまいました。それでも、レーガン大統領が一九八二年と八七年に〝しなかった〟意思決定のおかげで、繁栄の時代は継続していきました。

――クリントン政権以降の経済政策との関わりは？

ラッファー　クリントン政権の時代には、二十五人で構成される議会政策諮問委員会の一員となりました。メンバーの大部分は、ウォルフォウィッツ（ジョージ・W・ブッシュ政権で国防副長官を務める）、ラムズフェルド、チェイニーといった外交政策の専門家ばかりで、私のような経済学者はほとんどいませんでした。それでも、クリントン政権の経済政策に対抗するにあたり、ニュート・ギングリッチ（一九九五年から九九年まで下院議長を務める）ほかの共和党指導部のために貴重な貢献ができたと信じています。経済政策が悪い方向にそれることを抑止できたので、素晴らしい繁栄の時代が続いていきました。景気が順調であるときには、あえて何もしないことも賢明な政策となります。

それから、大不況（グレイト・リセッション）が始まることになった第四十三代ブッシュ大統領のときの政策にも、不首尾には終わりましたが、関わりはありました。結局、次のオバマ政権での景気回復は、アメリカ史上で最も脆《ぜい》弱なものとなりました。

ムニューシン財務長官との対立

――トランプ政権のコロナ危機に際しての経済政策をめぐる状況は？

ラッファー　トランプ政権の中枢メンバーを見渡したときに、これまでに危機に際して意思決定の当事者となった経験がある人物、あるいは、正しい意思決定がいかにあるべきかを知っている人物がいないことが懸念されます。もちろん、トランプ大統領の政権チームが素晴らしい人々であることを否定するつもりはありません。ただ、私は客観的な事実を指摘しているのです。

政権チームの人たちが世界最高水準のプロフェッショナルであることを、私は信じています。しかし、想像を超える事態に直面して、かつての危機の当事者たちがそうであったように、恥ずべきことだと感じているのか、プライドが高すぎるのか、素直にアドバイスに耳を傾けることができないでいます。

ムニューシン財務長官のもとで作成されたプランは、あまりにも残念で恐るべき内容でした。たった五日間のうちに間違った意思決定が行われることによって、それまでに積み上げられていた成功がすべて台無しになってしまうことがあります。ヘリコプター・マネーをもって景気刺激策であるなどと主張するのは、あたかも核爆弾を〝平和の使者〟だと強弁するようなものです。

ミルトン・フリードマンが、かつて何度も繰り返して指摘したように、「政府支出とは、課税を意味する」のです。およそ優れた政策と評価することはできないプランでした。

繁栄を謳《おう》歌している平時のときに、政策当事者が国民から熱烈な称賛を受けるのは容易なことです。しかし、危機対応に際して意思決定を左右しうる立場ともなれば、嫌われ役になったとしても仕方のないことです。声高に非難する人たちが、必ず現れてくるものだからです。

――トランプ大統領は、今回の危機に立ち向かうことができるでしょうか？

ラッファー　現在、進行中の危機はきわめて深刻です。今後の数年間にわたり、莫大な経済的被害が続いていく可能性もあります。

とはいえ、このような危機の時代は、正しい決断を下すことができる指導者にとっては、聖書の中で登場する伝説的な英雄のようになれる決定的なチャンスでもあります。ウィンストン・チャーチル、サッチャー、マッカーサー、そして、ロナルド・レーガンといった人たちを思い浮かべてみてください。「女か、虎か？」（困難な二者択一を迫られる状況を象徴する寓話）という限界状況に、いま直面しています。

政権チームで意思決定に参画している人たちの経験、能力、知識、人格のすべてが試されています。政権内の議論のなかで誰の意見が通るかによって、未来は大きく変わってきます。私はいま、そのことを懸念しています。トランプ大統領だけでなく、上院、下院にとっても、冷静に考え抜かれた的確な政策アドバイスが必要とされています。

まさに現在のようなパニックのなかで、まるで酔っ払いでもあるかのように――そうではないことを望みますが――政治家が意思決定をしてしまうならば、よい結果になるはずはありません。ニクソン、フォード、四十一代ブッシュ、四十三代ブッシュ、オバマの政策が失敗した経験を、すでに私たちは知っています。いま求められているのは、ケネディ、レーガン、クリントンのときのような政策です。

ですから、トランプには、トランプらしく行動してもらうのがよいでしょう。トランプには、その責務を遂行できるだけの手腕があるはずだからです。

コロナウイルスへの対応策によって、危機が引き起こされています。ただし、それは医療面での危機というよりも、経済的な危機です。原因が何であったにせよ、景気の動向も、アメリカ経済の将来も不透明な状況に直面しています。近未来の見通しは、真っ暗な状態にあります。

トランプ大統領は歴代でも有数の優れた実績をあげてきましたが、現在の事態への対応次第で、その政治的命運は分かれていくことになります。また同時に、アメリカの長期的な繁栄が守られるかどうかも試練にさらされています。今回の〝五日間の決定〟の行方が問われているのです。

実質ＧＤＰ（国民一人当たり）の指標の推移のグラフが、私の主張の理解の助けになることでしょう。

良い大統領、悪い大統領

ラッファー　この実質GDP（国民一人当たり）の指標の推移（［図表1］参照）は、アメリカ経済のパフォーマンスを評価するためには最適であると考えます。実質GDPを一人当たりに換算することで、時系列での比較が可能になります。

まず、このグラフが示していることは、ケネディ政権のときに、きわめて高い経済成長率だったことです。それがジョンソン政権では横ばいに入り、ニクソン、フォード、カーター政権では、急降下したことが分かります。その後、レーガン政権とクリントン政権では、長期にわたり景気が拡大していたことが分かります。その狭間のジョージ・H・W・ブッシュ政権では、景気後退があったことも確認できます。

ちなみに、一九八〇年大統領選のときに、共和党予備選に出馬していたブッシュは「レーガン知事が主張している考え方は、〝ブードゥー（呪術的）経済学〟と評するにふさわしい」と語ったことが知られています。

そして、深刻な悲劇が起きたのが、ジョージ・W・ブッシュ政権からオバマ政権にかけ

[図表１]

実質ＧＤＰの指標の推移

国民一人当たりの実質ＧＤＰ（実質ＧＤＰ／人口）について、1950年から現在までのトレンドライン（平均での年間成長率）との乖離率の推移をグラフ化したもの

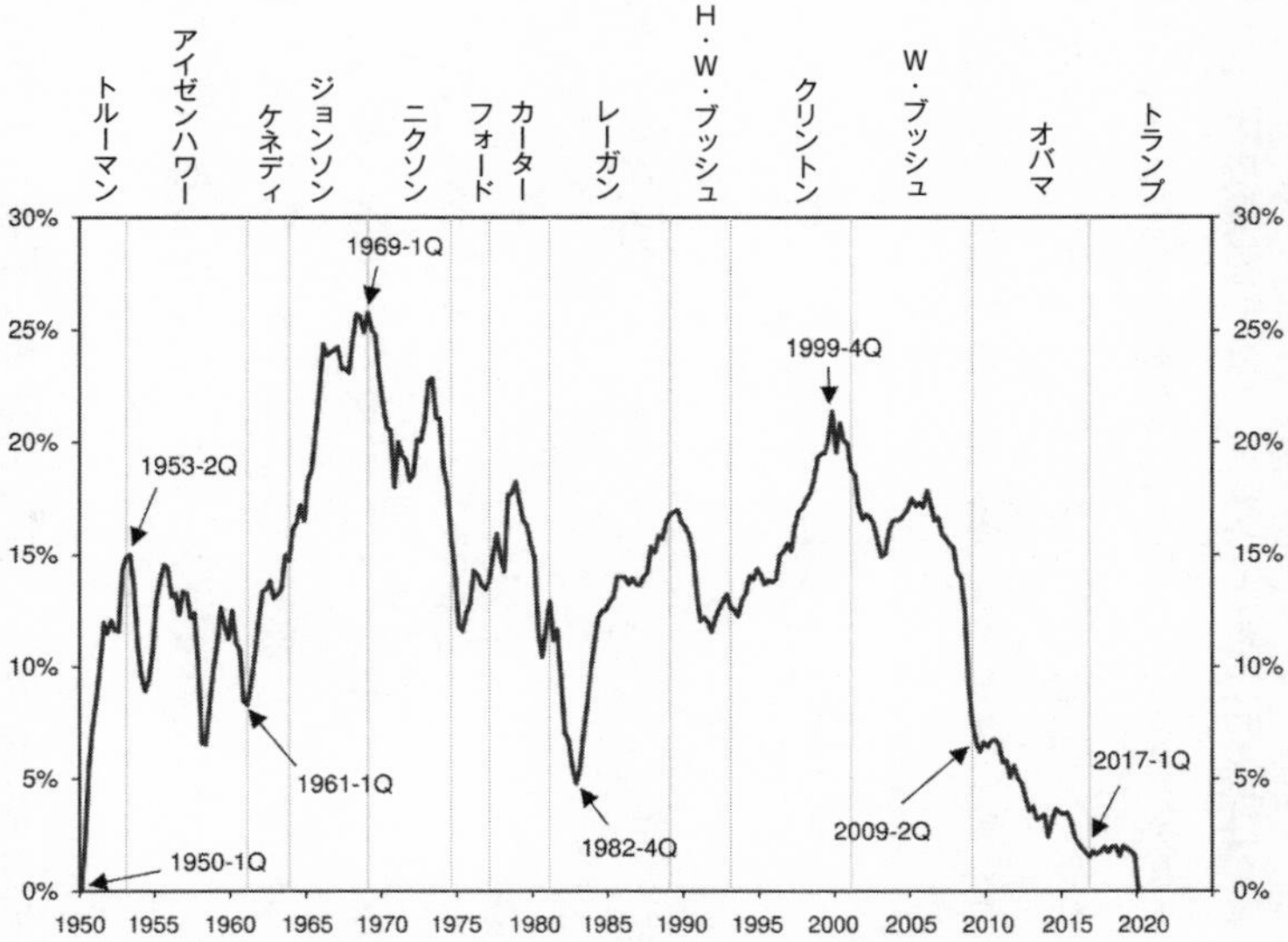

Q：四半期

出典：経済分析局、労働統計局、ラッファー・アソシエーション

てでした。つまり、二〇一六年時点での状況は、一九五〇年以来では最悪だったことが示されています。

しかし、そうした状態にあっても、オバマ大統領は、二〇一五年の一般教書演説で「現在ただいま、経済は成長しています。財政赤字は縮小し、産業は活発になり、エネルギー生産は活況を呈しています。不況から立ち直り、世界のいかなる国と比べても、アメリカの未来は明るく開かれています」と語っていました。

企業救済策は正しいのか

――現在のコロナ不況では、企業経営も重大な危機に直面しています。

ラッファー　現在、アメリカだけでなく世界各国で発生している危機は、平時であれば財務的な支払い能力が安定していたはずの企業で、資金繰りが悪化しているという問題です。突然の収益環境の激変によって、過剰債務に陥った企業が続出しています。

航空、旅行、ホテル、医療業界では、従来であれば収益性が高く、財務的に安定していた企業であっても、深刻な信用の危機に直面しています。こうした企業であっても、適切な対策が講じられるならば、一年以内には生き返ることができます。

政府の対策が慎重かつ賢明であれば、財務体質が脆弱であった企業では、所有者が交代する事態を迎えることもあるでしょう。また、本来的に財務面が安定していた企業であれば、資金繰りさえ確保できれば事業を継続していくことができます。

もちろん平時にあって、市場での勝者と敗者を選別することは、政府の役割ではありません。しかし、危機のときであっても、自由市場の原理を尊重して政府が介入を控えることは大切なことです。

――経営危機に陥った企業を救済支援するべきかという問題があります。

ラッファー　いま懸念するべきことは、必要な流動性を確保できないために、アメリカ全土に企業倒産の危機が広がっていくことです。本来は財務的に安定していた企業であっても、現在は流動性の確保が迫られている状況にあります。

そのような安定していたはずの企業であっても、資金繰りの危機に陥ったならば、従業員の大量解雇や資産の投げ売りの必要に迫られます。やがて不況が発生していくことになると、経済のあらゆる局面が例外なく蝕《むしば》まれていきます。同じような事態は、一九三〇年から三一年、そして、二〇〇八年から〇九年にも発生しました。

一九七〇年のチリでも、大統領がエドゥアルド・フレイからサルバドール・アジェンデ（世界で初めて議会制のもとで社会主義への移行をめざした）に交代すると、二年あまりの間に、やはり同様の事態が起きました。シカゴ・ボーイズ（シカゴ大学に学んだ経済学者たち）が経済改革に参画したのは、その後のことです。

ただし、もともと財務的に脆弱であった企業が倒産の危機に瀕しているのであれば、政府は救済支援をするべきではありません。

例えば、ボーイング社の所有者が誰に代わっても、とくに重大な問題ではありません。ボーイング社が順調に経営されるのであれば、その所有者が誰であるかは、アメリカにとってはあまり問題ではないからです。

経済危機での創造的破壊

——それでは、現在の経済危機にあたっては、どのような政策が必要ですか？

ラッファー　ＦＲＢ（連邦準備制度理事会）、財務省、中小企業庁、住宅都市開発省などが、速やかに実行するべきことがあるとすれば、健全な企業に対して融資をするか、または、融資の保証を提供することです（ＦＲＢによる緊急支援策として、二〇二〇年六月には、総額六〇〇〇億ドルの企業融資が始動する）。そうすれば、現在の予測不可能な事態を乗り切って、企業は平時の状態に戻っていくことができます。航空、旅行、ホテル、外食等の産業では、健全な会社であっても資金繰りの必要に迫られている状況です。

ウォルター・バジョット（一九世紀のイギリスの政治・経済学者）の言葉で表現するならば、「危機のときには、高い金利でも自由に貸し出せ」ということです。まことに正しい指摘です。健全だった企業には救済支援策が必要なのではなく、深刻な不況を乗り切るための流動性が確保されるだけでよいからです。

もちろん、すでに倒産した企業も出てきています。しかし、倒産が意味しているのは、資本の破壊ではなく、資本の再構成であることに留意して下さい。シュンペーターが的確に表現したとおり〝創造的破壊〟が起きているのです。

財務的な支払い能力があったはずの企業に対して信用を供与することは、本来的にも、

ＦＲＢなどの機関に期待されることです。また、中小企業に信用を供与している銀行を、特にＦＲＢほかの機関は支援するべきです。

――金融政策に関して、正しい対策となるべきことは？

ラッファー　次のような選択肢は、行うべきではないことです。

第一に、ＦＲＢによる公開市場操作での金利の引き下げや、流動性の供給を経済全体に対して拡大すること。アメリカの銀行システムには、すでに十分な準備金が確保されているからです。

第二に、ドル高の進行を是正するために為替市場に介入することも、賢明ではないです。貿易を阻害する結果になるからです。

第三に、民間企業の株式の購入は、いかなる状況であっても悪いアイデアです。ひとたび政府が着手することになれば、容易に止めることができなくなるからです。

つまり、流動性を確保することだけが必要となっている健全な企業を支援することに限るべきです。企業が立ち直ったときに、政府への資金の返済が保証されるのであれば、それでよいのです。

減税で景気回復――給与税の免除

――減税政策による景気対策も提唱されています。

ラッファー　次の景気回復の局面を迎えたときに、企業にとっても、労働者にとっても、さらに良い状態となっていることが望ましいです。そうした目的を実現するために、ただひとつの最も適切な政策があります。

給与税（日本の社会保険料に相当する）の免除を、雇用者にも、従業員にも、二〇二〇年十二月三十一日まで実施することです。あらゆる階層の人々に幅広く恩恵が行き渡るという利点があります。

この政策に関しては、コロナウイルスの是非を特に問題にする必要もありません。特定の人たちに特別な利益配分をするために、他の誰かを犠牲にする必要もありません。

従業員に課されている給与税は、給与総額の七・六五パーセントに当たります。また、雇用者にも、同じく七・六五パーセントが課されています。実質的にすべての従業員と雇用者が、この税金を払うことになっています。つまり、この給与税は、課税ベースが最も広い税金なのです。ですから、景気を取り戻すためには、これ以上に最適な方法はないのです。

現在、起きている事態は、需要が過小なのではなく、供給に問題があることです。経済生産を活発にするためには、生産活動に携わる企業と労働者にとって、生産を増やすほど報われるようにすればよいのです。とても簡単な話です。

―― 給与税の免除では、どのような効果が期待されますか?

ラッファー 給与税が免除されると、労働者にとっては、税引き後の収入が七・六五パーセント増えることになります。年収が五万ドル（およそ五〇〇〇万円）の労働者にとっては、税引き後で約四〇〇〇ドル（およそ四〇万円）のボーナスを受け取ることに相当します。

また同様に、企業にとっても、給与税が免除されると、労働者の雇用に伴う費用が七・六五パーセント減ることになります。つまり、年収五万ドルの労働者一人当たりで、やはり企業は、年間で約四〇〇〇ドルの費用を節約することができます。

現在、コロナウイルスからの防衛のために、生産と雇用への打撃という二次被害が生まれています。しかし、給与税を、二〇二〇年十二月までの期限付きで免除するならば、タイミングからしても、また、規模の観点からも、危機を反転させるための最善の対策となるはずです。

給与税の免除の期間を限定しておけば、企業にとっても、労働者にとっても、その恩恵は恒久的ではないことが理解されます。だからこそ、給与税が免除される数カ月の期間において、できるだけ生産を高めたいという強いインセンティブが働くことになります。

つまり、できるだけ二〇二〇年中での生産を増やして、二〇二一年に予定された生産を前倒しにしたいと考えることになります。そうした動きが期待できれば、経済回復のスピードは高まり、その規模も大きなものとなるはずです。

財政支出とGDP成長率の負の関係

――三月二十七日に、米連邦議会で成立した景気刺激策の第一弾は、史上空前の二兆ドル（約二二〇兆円）規模となりました。

ラッファー　ヘリコプター・マネーとして、一世帯当たり二〇〇〇ドルの給付をしたとしても、むしろ景気回復を遅らせることになるはずです。

だからこそ、スティーブン・ムニューシン財務長官が「何か弊害があるだろうか？」と聞いてきたときに、私としては「とてつもなく高くつくことになりますよ」と答えたのです。

ヘリコプター・マネーがもたらす悲惨な結果を知りたければ、戦後の日本とドイツの事例を見ればよいでしょう（一一三ページ［図表2］［図表3］参照）。

ムニューシン財務長官は「私たちの意見が不一致であることは認めましょう」と反応しただけでした。

サヨナラ・ジャパン

ジュード・ワニスキーの著書『世界はこう動く』では、一九八〇年頃の日本経済についての言及があります。

「一九五〇年代以降の日本の税制政策で、特に注目に値するのは、年々、税負担が軽減され続けたことです。一九五〇年以降では、所得税や法人税などで最高税率が引き下げられていきましたが、直接的に税率を下げた場合もあれば、間接的に税の優遇措置を講じた場合もありました。

その結果、財政黒字が民間部門への資金流入をもたらして、目覚ましい経済成長が生まれることになりました。ＧＮＰ（国民総生産）は、一九五二年の一六〇億ドルから、一九七二年には三〇〇〇億ドルにまで拡大しました。

一九五〇年から一九七四年にかけて、年率換算での減税率は約十一パーセントでした。一九七四年の税収は六三〇億ドルでしたが、一九五〇年のＧＮＰ（国民総生産）と比較すると、四倍の規模になっていました」

当時と比べると、現在は、まるで違った状況になってしまいました。

［図表2］では、実質GDP成長率の大幅な低下が、政府の財政支出の実質的な増加の動きと相関していることを示しています。また、実質GDP成長率の低下の幅も、政府支出の伸びと比例していることも分かります。

ここで、ミルトン・フリードマンの言葉を紹介しておきたいと思います。偉大な経済学者でしたが、今でもよき友人としての心温まる記憶が蘇《よみがえ》ってきます。一九七〇年以来の五十年近くの日本経済を検証する文脈でも、「政府支出とは、課税を意味する」というフリードマンの言葉が思い出されます。

政府支出の対GDP比率と、実質GDP成長率を比較すれば、その負の相関は明白です。こうして、「サヨナラ、ジャパン」となったのです。

[図表２]

出典：IMF、OECD、統計局

[図表３]

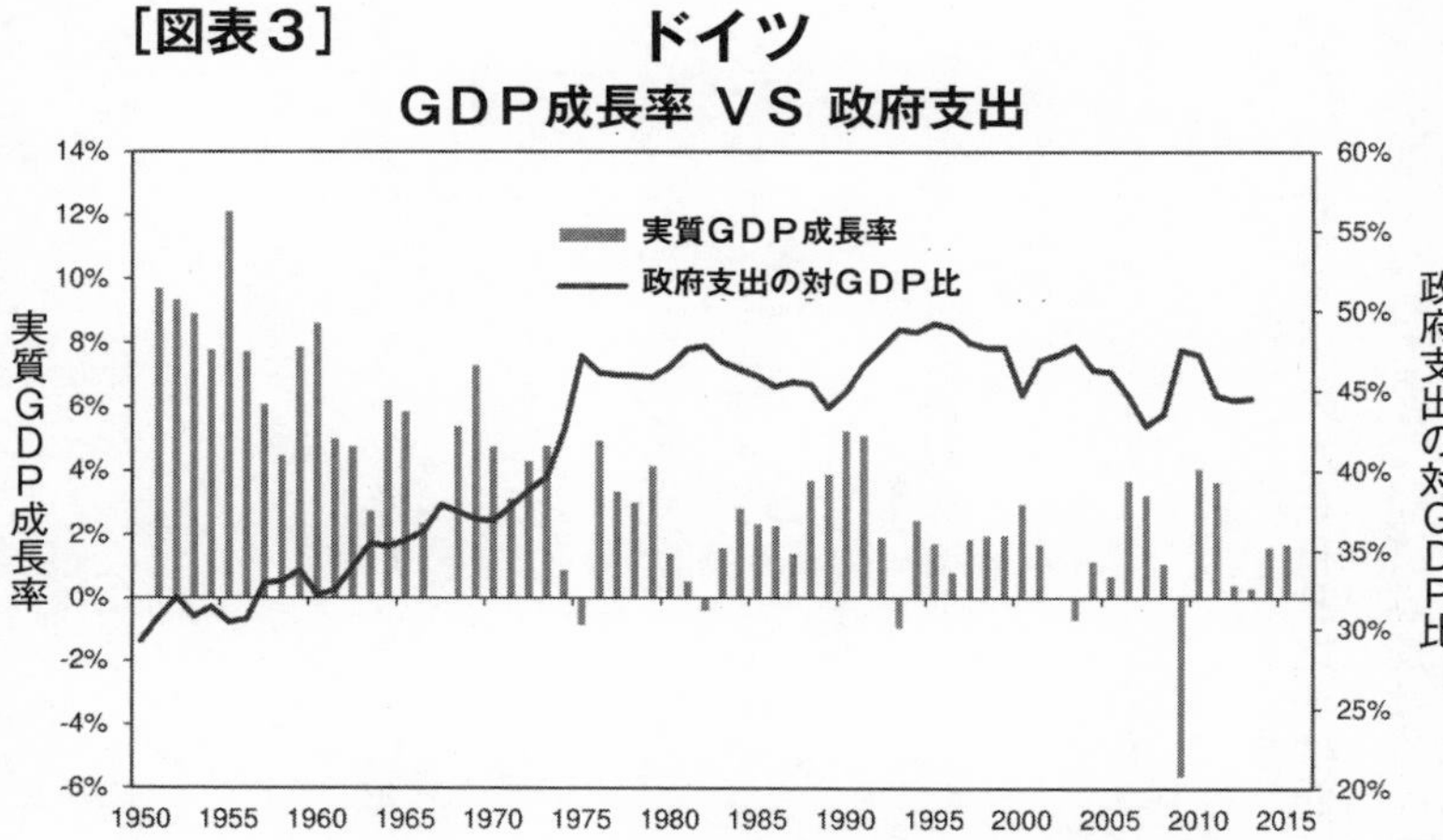

出典：FRED、ベルリン社会科学学術センター、OECD

失われたドイツ「経済の奇跡」

また、ジュード・ワニスキー著『世界はこう動く』では、一九五〇年代から六〇年代にかけてのドイツ経済の奇跡についても紹介しています。

「一九二〇年代のアメリカ経済が、メロン（ハーディング、クーリッジ政権で財務長官を務める）減税で成長したように、ドイツでも、高い税率を体系的に引き下げたところ、ドイツ経済の奇跡が生まれることになりました。

一九五〇年代のドイツでは、国民所得が伸びたことで、国家の税収も増加しました。おかげで、国防の強化だけでなく、社会保障制度の整備も可能になりました。

第二次世界大戦後における経済成長の大きな奇跡は、日本とドイツ（ドイツでも「経済の奇跡」と称される）で起きました。

どちらの事例でも、急速に経済成長していた当初は、政府支出の対ＧＤＰ比率は低い水準にありました。しかし、やがて政府支出（税金）が増え始めると、経済成長は停滞することになりました。［図表３］を見れば、政府支出（税金）と経済成長が、密接に連動していることが分かります」

そして、ワニスキーは、現代ドイツが直面している危険な問題も、明確に指摘しています。

「ケインズ経済学派が考えるように、税収は税率とは相関しないとの前提に立てば、ドイツ経済には何の変化も起きなかったことになります。たしかに、六十年前の国民所得に対する税負担率は三五パーセント相当でしたが、やはり現在でも三五パーセントと同率になっているからです。

しかし、もちろん税率が適正な水準だった時期にではありましたが、ドイツの国民所得そのものは一〇倍にまで伸びていました」

危機は理性を麻痺させる

――給与税の免除が適切な対策になると考える理由は？

ラッファー 給与税の免除を、十二月三十一日までの期限で実施すれば、その静学的なコストの総計は約七五〇〇億ドルになります。ただし、動学的に見積もるならば、そのコストは七五〇〇億ドルよりも少なくなることは間違いありません。また、社会保障給付から連邦税、州税、地方税の税収までに与えるフィードバック効果を考慮すれば、財政に及ぼす影響もきわめて大きなものとなります。

苦境にある人々を助けることを願うのであれば、コロナウイルス対策で生じた景気の落ち込みを速やかに回復させることこそが、何よりも思いやりのある政策対応になると考えます。

他人が稼いだお金を際限なく恵んであげることが、思いやりであるはずがありません。たとえ、それが景気を阻害しないものであったとしても、やはり、見せかけの同情にしかすぎないはずです。

――危機にあたって、正しい政策を選択できるかが問われています。

ラッファー　いま実行すべき政策としては、第一には、流動性の確保のために、企業への融資や、融資への保証をすることです。そして、第二に、給与税の免除によって生産の減少を反転させることです。

これに対して、実行するべきではない政策は、数限りなくあります。その類の政策は、危機的事態にあって理性的な思考が麻痺していたときには、これまでに何度も繰り返されてきました。

理性的な思考が麻痺しているときに早まった行動をしても、良い結果になることは滅多にないものです。

一九七一年に、ニクソン大統領がキャンプ・デービッドで下した意思決定を振り返ってみましょう。このときの判断は、景気と株式市場に大きな災難をもたらしました。あのときも、誰もが「何かの対策をしなければならない！」と叫んでいました。

しかし、正しい答えとして必要だったのは、無用なことをしないという判断でした。何もしないことに耐えるのは難しいことです。それでも、そうすることが正しいときもあるのです。医学の世界では、「何よりも、害をなすなかれ」（primum non nocere）という諺《ことわざ》が知られています。

ニクソン政権とその側近たちは、ウォーターゲート事件の混乱のなかでも誤った判断を行い、いまだかつてアメリカが経験したことがない深刻な事態を招くことになりました。大統領や側近たちは、ウォーターゲートビル侵入事件に関しては隠蔽などをせずに、ただちに真相を話せばよかったのです。

悪い実例は、他にもあります。フォード政権の「インフレを退治する」政策や、ジミー・カーター政権での井戸元価格（油田の受け渡し地点で産油会社が提示する原油価格）の規制、超過利得税、ガソリンの割当統制などがありました。まさに最悪というほかない政策ばかりです。

カーター政権のときのイランでのアメリカ大使館人質事件に際しても、パニックした状況での判断が、救出作戦を失敗させる結果になりました。軍事力を行使するときには、慎重に考え抜いたうえで実行するものです。経済政策であっても、それは同じことです。じっくり考えたうえで、正しく実行するべきなのです。

レーガン減税が成功した理由

――レーガン政権に参加した経験では、危機対応の教訓はありましたか？

ラッファー　レーガン大統領は、危機に直面したときの反応が異なっていました。

一九八一年から八二年にかけては、景気が大きく後退して、株式市場も低迷していました。一九八一年税制法案では、減税が段階的に導入されることになっていたことも要因でした。

このときに、私を含むごく少人数を除いて、ほとんどの人たちが主張していたことは、三年目（一九八三年）の減税の中止であり、また、ジョージ・マクガバン（一九七二年大統領選の民主党候補者）流の社会保障給付の拡大でした。

このときにレーガンが賢明だったのは、恐怖心が政策を誤らせる原因となることを正しく理解して、感情的な暴走を起こさなかったことです。

その結果、一九八二年八月十四日から株式市場では株価が上昇を始めました。一九八三年一月一日以降には、景気も回復していくという目覚ましい成果が生まれました。
レーガンも、側近のシュルツも共に、パニックに陥って叫びまわる連中の声に耐えて、「立ちつくしているだけでなく、余計なこともしない」と言うことができました。これこそが、パニックに直面したときに必要となる深遠な答えでした。
医学の世界では、ラテン語の「自然治癒力」(vis medicatrix naturae)という言葉で知られていることです。

―― その後の政権は、ブッシュ・シニア、クリントン、ブッシュ・ジュニア、オバマと続きましたが、どのような教訓がありましたか?

ラッファー ジョージ・H・W・ブッシュ大統領も、法人税と所得税の増税のほか数々の好ましくない政策を実行しました。その結果、景気を低迷させて、一九九二年大統領選ではクリントンに敗北することになりました。パニックのなかで決断された政策が、経済的にも、政治的にも、良くない結果をもたらしたのです。
洞察力を持たなければ、思いやり深くあることもできないということです。

他人が稼いだお金を渡してあげることが、思いやりではありません。むしろ、非常に有害なことなのです。

クリントンは一九九三年に大統領に就任すると、増税法案を成立させるという愚行を犯しました。しかし、この出だしの失敗にもかかわらず、そこから経済を立て直すことができたのは立派なことでした。

この一九九三年の増税が原因となって、一九九四年中間選挙では、民主党は上院、下院、州知事の勢力を失うことになりました。このときにクリントンは、レーガン時代の経済の教訓を学ぶことになりました。残念ながら、不倫スキャンダルでウソをついたことに関しては、混乱のさなかの判断としては、ひどい失敗になったと思います。

教訓はシンプルです。じっくりと考え抜くこと。謙虚であること。みずからの限界を知ること。そして、ウソをつかないことです。

その後で、〝W〟ことブッシュ・ジュニアと、オバマが登場しました。この二人の失敗が証明したことこそ、パニックの渦中で下される決断が、どれだけ悲惨な結果を招くのかということでした。

混乱の真っただ中で、わずか五日間で政策決定されたことが、それまでの数十年にわたって築き上げた繁栄を台無しにすることになりました。この二人の大統領の行動は最近の出来事なので、あまり詳しく語るまでもないことでしょう。

コロナ経済危機から脱出できるのか

――危機の事態にこそ、冷静な判断が必要であることが分かります。

ラッファー　心に留めておくべきことがあります。パニックした状態で決断しても、あるいは、決断しなくても、人々も、建物も、コンピューターも、電車も、工場も、空港も、何であっても、今から一年後にも変わらずに存在しています。所有者が変わったり、見かけは別のかたちになったりしている場合もあるかもしれないですが、消えてなくなったりはしないのです。

つまり、経済的な価値としては、ほとんど何の変わりもありません。経済が壊滅すると主張する人たちもいますが、まったく間違った見方です。

ボーイング社の飛行機の機体が健在であるならば、ボーイング社の所有者が誰になったとしても、あまり問題ではありません。ボーイング社が財務的に破綻しているということならば、今までの所有者を救済支援する必要などないのです。

経済的な危機というのは、あくまでも財務面での危機であることに留意して下さい。財務面での崩壊や破壊が生じたとしても、国の生産能力そのものは変わりません。

しかし、敗者が生まれた理由が何であるかにかかわらず、ひとたび敗者を救済して、その損失を引き受けるようなことを始めれば、経済成長は破壊されてしまいます。

私たちが生きている経済のなかでは、利益もあれば、損失もあります。利益だけを求めて、損失をなくすようなことはできないのです。財務面の問題は、帳簿にペンで数字が書き込まれたら解決されることになりますが、実体経済というのは、そういうものではありません。

ですから、実行するべきでないことを挙げるならば、ジョージ・マクガバン流の最低所得保障、所得制限付きでの一人当たり六〇〇ドルの〝税金払い戻し〟を給付するというラリー・サマーズ流のヘリコプター・マネー、中古車買取りプログラムでの現金支給、全世帯への二〇〇〇ドル以上の給付金、ボーイング社のための五〇〇億ドルの救済支援、コロナウイルス感染での疾病特別補償、等々です。

――以上が、ラッファー博士がトランプ大統領との会話で政策提言された内容とのことです。

ラッファー　実行するべきことは、第一には、本来は財務的に支払い能力がある会社が、流動性の危機を回避できるように、信用限度枠や融資保証枠を広げることです。

そして、第二には、雇用者と労働者が対象となる給与税の免除を、二〇二〇年十二月三十一日までの期限で実施することです。

もし、こうした法案の成立に反対する政党があるというならば、その責任ある立場をはっきりとさせてほしいものです。政治通だったジェームズ・カービル（一九九二年大統領選でクリントンの選挙参謀を務める）が語ったように、「物事は簡単にしておけ、おバカさん《キープ・イット・シンプル・スチューピッド》」（ＫＩＳＳの原則）ということです。政府がどうなるかは、国民次第だからです。

第4章

伝説のラッファー曲線は甦る

コロナ・ショックから経済再開へ

――現在のコロナ危機で、経済情勢は先行き不透明な状況にあります。

ラッファー　ロックダウン（都市封鎖）によって株式市場は大打撃を受け、株価は急落しました。しばらくの間は、株価は乱高下を続けることになりました。

二月十二日のダウ平均株価終値は、史上最高値の二万九五五一ドルとなっていましたが、ロックダウンが実施されると（三月十三日にトランプ大統領は、コロナウイルス感染拡大への取り組み強化のために、国家非常事態を宣言）、三月二十三日には、直近の三年間では最安値となる一万八五九一ドルまで落ち込み、下落幅は三七パーセントにまで達しました。

それ以降になると株価は上昇に向かい、ダウ平均株価では、下落分の約七〇パーセントを戻しています（二〇二〇年七月時点）。この株価反転の要因としては、コロナ感染による死亡率が鈍化しているとの朗報のほか、多くの州では、経済再開のための楽観的な兆しが出てきたからです。市場関係者は、経済活動が通常の状態に戻る〝再開の日〟がいつになるかを注視してきました。

今後の見通しに関しては、追加の景気対策法案の内容にもよります。もし、私たちが提言している給与税の免除が、少なくとも二〇二〇年十二月までの期間で実施されるのであれば、現時点での想定よりも、かなり良い状態に上向くことが見込まれます。

しかしながら、私たちの分析としては、政府が財政支出をさらに追加することが、経済に悪い影響をもたらす可能性を危惧しています。

――米連邦議会で成立した第一弾の経済対策について、ラッファー博士は懐疑的な立場とのことです。

ラッファー　米連邦議会で成立した経済対策法案は、二兆ドル規模となりました。これは、アメリカ国民一人当たりでは、六〇〇〇ドルあまりの金額に相当します。しかし、この景気対策は効果的なものにはならないでしょう。

まず、働いていない人にもお金を渡すことになるからです。いわば失業保険を補填《てん》することが目的になっています。また、例えばボーイング社に代表されますが、経営不振に陥った企業のために、無差別に資金を投入することになるからです。過剰債務を背負っている企業の負債の穴埋めに使われるということです。つまり、サプライサイド（供給側）を刺激するための政策ではないのです。

その結果に何が起きるかと言えば、政府債務はさらに二兆ドル積み上がります。経済成長率が鈍化することになれば、税収は落ち込み、財政赤字はさらに拡大することになります。

また、政府がこれほど大規模な経済対策を実施することも、次第に困難な状況になっています。政府債務が積み上がっているなかでは、もはや政府支出を拡大させる余力が失われつつあるからです。

ＦＲＢ（連邦準備制度理事会）による政策手段も限られてきています。金融政策による経済への刺激も、あまり効果的でなくなっています。しかし、私の考えとしては、増税にも反対です。もちろん来年以降も、増税をするべきではありません。

大切なことは、開かれた自由市場経済のなかで、企業の競争の自由が保障されていることです。

政府支出とは、課税を意味する

――給付型の経済対策が、景気の刺激には効果的ではないと考える理由は？

ラッファー　政府が失業者にお金をあげたとしても、失業者にとっては、そのお金は使えばなくなってしまいます。それから数週間も経てば、もっとほしいと言い出すことになるでしょう。しかし、その時に、さらにお金をあげることは難しくなっています。それでも、政府は多少は何かをできる可能性もありますが、もはや当初ほどの気前よさを期待できないのは当然のことです。

しかし、政府の介入がなければ、お金というものは、賢明な使い方をして成功を生み出す人たちのところにめぐっていきます。そうした人たちには、さらに成功を続けていく能力があります。つまり、景気が良い状態を持続させるためには、政府が余計な邪魔をしてはならないと、私は考えます。

シカゴ大学経済学教授だったミルトン・フリードマンには、「政府支出とは、課税を意味する」という有名な言葉があります。もっと大胆に言うならば、「政府支出は、経済を損なう」ということです。

税金を使うことによって、国家が繁栄することはありません。それは、お金を使うことによって、貧乏な人がお金持ちになるはずがないのと同じことです。

さて、ある経済学的な考え方が正しいならば、それは経済規模の大小に関係なくあてはまるはずです。国家規模の経済を想定することが難しいのであれば、小さな規模にあてはめて考えてみましょう。

ふたりの農夫のたとえ話

フリードマン教授の考え方を簡単に理解するために、農夫Aさんと農夫Bさんの二人だけが存在する世界を想定してみましょう。

もし、農夫Bさんが失業保険をもらうとしたら、誰が、そのお金を負担するのでしょうか？

そうです。農夫Aさんが、そのお金を払うことになります。（つまり、それが税金を意味しています）。

これが、「政府支出とは、課税を意味する」ということです。

一九三九年当時にも、フランクリン・ルーズベルト政権のヘンリー・モーゲンソー財務長官が、このような発言をしています。

「みなさん、現在まで財政支出を拡大してきました。史上最大規模となる財政出動をしてきましたが、まだ十分な成果を得られていません。もし、これまでの政策が間違っていたのであれば、私は誰かほかの人に、職務を交代してもらうべきなのかもしれません。

私自身も、この国が繁栄している姿を見たいです。国民のための雇用を守りたいです。生活に困らないだけの収入を保障したいです。

しかし、現政権での八年間が経ってみても、政権発足のときと比べて、失業率は改善されていません。それなのに、政府の借金だけが莫大に積み上がっているのです！」

トランプ政権の舞台裏

――今回の経済対策予算が決定されるまでの経緯を、どのように見ていますか？

ラッファー　パニックに陥った状態で、政治家が何か重大な決断をしたとしても、それが良い判断である可能性はあまりないでしょう。大勢の人たちが「ワーッ！」と叫んでいるときに、適切な判断をするのは難しいことです。今回も、まさにそうした状況が起きていたといえます。

スティーブン・ムニューシン財務長官は、ゴールドマン・サックスの出身ですが、現在のような危機の当事者となる経験は初めてのことです。ムニューシンは、何が正しいのかを知ったうえで行動しているようには思えませんでした。

他方、ラリー・クドロー国家経済会議委員長は、何をするべきかを正しく理解したうえで仕事をしています。自らの職務に誇りをもって取り組んでいます。私としても、アメリカの将来がよりよいものであることを願っています。

レーガン政権のときにも、一九八一年から八二年にかけて似たような状況がありました。一九八一年には税制改革法案が成立していましたが、減税を三年目（一九八三年）にも継続するかをめぐっては〝悪い人たち〟——私とは意見が異なる人たちのことですが——が現れて、減税を停止させようとする動きがありました。

しかし、レーガン大統領は「私は税金を上げるために、当選したわけではない」と言って、そうした意見を拒絶しました。レーガンの決断は、むしろ、無用のことは何もしないということでした。

周りにいる人たちがパニックに陥って、「ギャーッ！」と叫んでいるときには、目を閉じて、手を耳に当てていることが大事なときもあります。「何も聞かないぞ」と答えることが、正しい判断であるときもあるのです。翌日になれば、混乱は収まっているかもしれないからです。一九八〇年代にレーガンが景気の拡大に成功したのは、まさにそうした冷静な態度を取ることができたからでした。

――一九八七年のブラック・マンデーの時にも、レーガン大統領にアドバイスをしていたということです。

ラッファー 一九八七年の株式市場の崩壊も深刻な事態でした。そのときにも私は、レーガン大統領に言いました。

「あえて無用のことをする必要はないです。政府が介入したりする必要はないです。危機のときにあっても、自由市場の原理は大切にするべきです」

危機的な状況に直面すると、政府は市場に介入したくなるものです。しかし、政府が何もしないでいることが大事なときもあるのです。

ジャック・ウェルチのトランプ評

――ラッファー博士は、トランプ大統領にもレーガン政権のときと同じようなアドバイスをしていることになります。

ラッファー　トランプは、ビジネスに対する理解があります。どうすれば景気がよくなるかも、よく分かっています。働いていない人たちにお金を渡しても、そうした人たちが働くようになるわけではないことも知っています。トランプは知識人でも学者でもないですが、経済というものをよく理解している人物です。

二〇一六年大統領選に出馬するという話が出ていた頃に、私はジャック・ウェルチ（GE社の会長兼CEOを務めた）との会話で、トランプのことを話題にしたことがありました。

私とウェルチは、一九六七年以来のつき合いがありました。トランプも、GE社（ゼネラル・エレクトリック社）とは長年の関係がありました。

私は、トランプとも昔からの知り合いでした。トランプが経営するニューヨーク市内のビルでレストランのジャン・ジョルジュがオープンしたときにも、開店記念のパーティーに招待されたことがあります。そのときは、トランプ本人にシャンパンを注いでもらいました。ただ、その頃はとても親密にしていたというほどではなく、出かけて行って挨拶を交わす程度ではありました。

そうしたわけで、私はウェルチに電話をかけて、トランプについての意見を聞いてみたのです。ウェルチの考えを聞いたときに、トランプのことを、すごく褒《ほ》めているなという印象を受けました。

――とても興味深いエピソードですが、どのような話だったのですか？

ラッファー　ジャック・ウェルチは、トランプのことをリーダーの資質がある人物だと評していました。サーカスの集客係のように大勢の人を集めることもできれば、チア・リーダーのように常に脚光を浴びる存在にもなれるし、看板スターにもなれる才能があるということでした。しかし、職業専門家とは違うということでした。

つまり、トランプは財務の専門職ではないから、ＣＦＯ（最高財務責任者）を頼めるようなタイプの人ではない。コンピューターの専門職でもないから、ＣＴＯ（最高技術責任者）が務まるタイプでもない。トランプという人物の才能は、そのようなところにはない。トランプの才能とは、リーダーとしての資質にある。大勢の人たちの心を高揚させる能力がある。

ウェルチは、私に、このようにも言いました。

ラッファーさん。私は、長年にわたりトランプとのビジネスをしてきました。トランプは、私の会社に利益をもたらし続けてくれました。トランプは、毎日でも、毎週でも一緒に仕事をしたいと思えるような人物です。

ウェルチは、トランプをそれほど高く評価していました。

誰にも試される時が来る

――トランプ大統領は、三月十三日に国家非常事態を宣言して以来、みずからを戦時大統領（ウォータイム・プレジデント）として、コロナ対策に取り組んできました。

ラッファー　大統領がなすべき仕事とは、さまざまな意見を聞いたうえで、最善の決断を下すことです。トランプは就任以来で、非常に良い仕事をしてきたと思います。

しかし、大統領としての業績は、歴史のなかで評価が下されることになります。任期中に称賛される大統領もあれば、任期が終わった後で評価される大統領もいます。

トランプは、偉大な大統領となる可能性がありますが、今は、まさに試練の最中です。いかなる大統領であっても、試される時を迎えることになります。

アンソニー・ホプキンスとアレック・ボールドウィンが出演した『ザ・ワイルド』という映画があります。極寒のアラスカで、自家用機が墜落した事件を描いています。熊と戦いながら決死の脱出をするというストーリーです。イギリス人俳優のホプキンスの台詞《せりふ》で、私が感銘を受けた言葉があります。

「誰にも、試されるときが来る。しかし、それが思い通りのときに、望ましいかたちで来たりはしない」

例えば、高速道路を走っている最中に、運転している車のタイヤがパンクしてしまう。エスカレーターに乗っている最中に、急に停止してしまう。ある日、突然に、コロナウイルスに感染する。自分では、いつ、いかなるかたちになるかを選べませんが、必ず、試される時が来るのです。

トランプも、わずか数カ月前の時点では、コロナウイルスの問題に遭遇することなど、まったく予期していなかったはずです。

また、マイケル・ダグラスとヴァル・キルマーが出演した『ゴースト&ダークネス』という映画もありました。二頭の人食いライオンが現れて、マイケル・ダグラスが演じる腕利きのハンターが、狩りで追い詰めていくというストーリーです。

キルマーが演じたのは、アフリカで鉄橋を建設する工事主任ですが、このような印象的な台詞がありました。

「どのような人にも作戦がある。襲われるまでは」

そして、倒されたままでいるのか、立ち上がるのかを問われることになります。襲われたところまでは同じであっても、その後にどちらかを選択することになります。そのときに決断が試されるのです。

――現在、トランプ大統領は、コロナ危機という試練に直面していますが、この難局を乗り切ることができるでしょうか？

ラッファー　このコロナ危機が発生する直前まで、景気はきわめて良好でした。アメリカ経済は世界最高の状態でした。最近の日本経済がそれほど好調ではないのと比べても、アメリカ経済の成功はあまりにも素晴らしいものでした。

トランプの減税は成功を収めました。規制の廃止のほか、あらゆる政策で目覚ましい成果を上げていました。ですから、コロナウイルスが終息するのであれば、これまで通りの政策を続けていけば、アメリカ経済は再び良好な状態に戻れるはずなのです。

ですから、経済学者としてアドバイスするならば、「あえて無用のことをしないでください。じっと耐えてください」ということです。

たしかに、コロナウイルスによって、経済は大打撃を受けています。それならば、コロナウイルスの問題を解決することです。その影響がなくなったときには、アメリカ経済は再び立ち直ることができるはずだからです。

経済の観点から問題であったことは、人々が仕事をすることを止めてしまい、お店を閉めてしまったことです。オー・マイ・ゴッドと言うほかないです。景気にとっては最悪のことでした。

何らかの景気対策をするというのであれば、私は、給与税の免除をすることがよいと考えています。しばらく給与税をなしにしてしまうのです。税金を取ることを止めれば、景気は持ち直すことになるでしょう。

景気対策はフリーランチではない

――リーマン・ショックが発生したときの大不況に際しても、ラッファー博士は、ブッシュ政権とオバマ政権での景気対策の効果に懐疑的な見解でした。

ラッファー　二〇〇八年に、米連邦議会は景気刺激予算法案を通過させ、ブッシュ大統領の署名により成立しました。二〇〇九年にオバマ大統領が就任すると、さらにまた、別の景気刺激予算が成立しました。結局、大恐慌以来では最も深刻な不況になりましたが、私の見解としては、そのような政策に膨大なコストを費やすべきではないという考えでした。

これらの法案は、非常に単純な考え方に基づいていました。ケインズ経済学の考え方によれば、政府が〝税金払い戻し券〟という小切手を書いて、国民に配布すればよいというのです。なぜなら、小切手を受け取った人たちは、その金額の大半を消費に回してくれるだろうからということです。そうすると、経済の需要が創出されて、雇用が増える結果になる。また、新たに雇用された人たちは、さらなる消費を生み出すことになる。だから、最初に配布する金額が大きければ大きいほど、経済的な波及効果が拡大していくので、その結果、不況から脱出することができるというのです。

しかし、私たちが住んでいる現実世界では、小切手を配布するための予算を〝歯の妖精〟（子供の抜けた歯を、夜中にこっそりと受け取って、お礼にお金を置いていくという伝説）が恵んでくれたりはしません。お金は、生産者や労働者の経済活動によって生み出されるものだからです。小切手を配布する必要がなければ、そうした人たちの手元には、もっと多くの収入が残されていたはずです。むしろ収入が減った分だけ、消費が減ることになります。

つまり、供給が減少することで、消費が減ることになります。これは、期待とは正反対の効果です。

ミルトン・フリードマンがつねに語っていた通り、「フリーランチ（ただ食い）なんて、あるわけがない」のです。

小切手を配給したために生じる需要の減少額は、配給された小切手が消費に回ることによる需要の増加額と、まったく同額になるということです。つまり、効果はゼロということです。

どのような景気刺激策であっても、給付により期待されるプラスの効果は、給付予算のために生産者と労働者に対する税金が増えるというマイナスの効果によって、一〇〇パーセント相殺されてしまうのです。

さらには、合計の効果がゼロであるということのほかに、別のマイナスの作用が蓄積されることになります。給付をすることは、経済生産には必ず負のインセンティブを生じさせるからです。したがって、給付政策は、むしろ経済生産を減らす結果をもたらします。

ですから、実は、景気を刺激するはずだった政府支出は、一九二九年以降の大恐慌や、二〇〇八年以降の大不況を生んだ要因のひとつでもあったということです。政府支出は解決策ではなく、それ自体が問題であるのです。

景気を刺激しなかった財政支出

――当時のオバマ政権のときにも、ホワイトハウスから政策提言を求められたとのことです。

ラッファー　二〇一一年二月に、オバマ政権のオースタン・グールズビー大統領経済諮問委員会（CEA）委員長から意見を求められました。彼は、私と同じように、イェール大学出身で、シカゴ大学の教授を務めた経験もある人物でした。グールズビーは、私とは異なり左翼的な立場ですが、ホワイトハウスが設定してくれた電話会議のなかで、非常に有益な議論を交わすことができました。

彼は、私をホワイトハウスに招いて、オバマ大統領に会わせたいと考えたようでした。しかし、何らかの政治的な配慮が働いたためか、結局、そのような機会は実現しませんでした。

――グールズビー委員長とは、どのような会話をされたのですか？

ラッファー グールズビーとの会話で話題にしたことは、景気を悪化させてしまえば、税収は減少するので、財政赤字が拡大する結果になるということでした。

私から伝えたことは、政府支出を拡大させたことが景気を損なう結果になったということです。また、不良資産救済プログラム（TARP）（二〇〇八年にサブプライムローン対策で金融安定化のために導入された）には当初から反対だったということも伝えました。

ブッシュ政権からオバマ政権にかけての四年間では、総額三・五兆ドルもの景気刺激対策が行われましたが、それは失敗だったということです。

このときにも、私がよくする話ですが、パニックに陥ったときの意思決定は、酔っ払っている最中の判断と同じで、決してよい結果にならないことを指摘しました。

二人の農夫のたとえ話もしておきました。一方の農夫が失業保険をもらうときに、誰がそのお金を負担するのかという問題です。もちろん、答えは、もう一人の農夫ということです。

つまり、「政府支出とは、課税を意味する」のですから、景気を刺激するためには、むしろ政府支出を減らすことです。支出の削減が早く、大きいほど、景気にはよいのです。

このような私の話を聴いて、グールズビーは驚いていました。そして、ミルトン・フリードマンが「政府支出の総額は、課税の総額と一致する」と指摘していたことを思い出したと語っていました。

税率は十二パーセントで足りる

ラッファー　さらに私から提案したことは、一九九二年大統領選の民主党予備選でジェリー・ブラウン（元カリフォルニア州知事）候補が公約したようなフラットタックスを、オバマ大統領は検討したらよいのではないかということでした。

フラットタックスを導入するにあたっては、現行の連邦税はすべて廃止することになります。つまり、所得税も、法人税もなし。配当税も、キャピタルゲイン税も、相続税もなし。雇用者と労働者に課される給与税もなしで、メディケア（主に高齢者向け公的医療保険）とメディケイド（低所得者向け公的医療保険）のための税金もなし。物品税も、関税もなし、ということです。

あらゆる連邦税を廃止する代わりに、一律の税率を、法人所得と個人所得の二種類に課すことになります。そして、税控除は必要最小限に留めながらも、所得の全部に対して隅から隅まで例外なく、一律税率を適用することにするのです。

この方法が正確に実行されるのであれば、静学的な前提のもと、従来と同額の税収を確保するためには、税率は十二パーセント以下で足りることになります。

このような税制度が実行されたならば、生産、雇用、経済活動に対しては、きわめて大きな効果が生まれるはずです。所得に対して税率十二パーセントを払うだけでよくなり、しかも、それを会社が内国歳入庁に手続きしてくれるならば、確定申告をする必要もなくなります。

――フラットタックスと同時に、あらゆる連邦税を廃止するとの提言は画期的な考え方です。

ラッファー　当時も、「誰もが政府に対して、何かの対策を求めています。ラッファーさん、そのようなときに何もしないという選択肢はありえません」と言う人たちがいました。

そうしたときに、私はこのように返答しました。

「景気刺激対策予算としては、総計三・五兆ドルものコストを費やすことになりました。どうしても何かの対策が必要だったというのであれば、連邦税を取ることを、一年半ほど止めた方がまだよかったのです」

あらゆる連邦税の課税を、およそ一年半にわたってなくせば、その合計額は三・五兆ドルと同額になります。

一時的にでも連邦税をなしにしていたならば、アメリカ経済には、どれだけの効果が生まれたことでしょうか。月まで飛んでいけるくらいの勢いが生まれたはずです。

結局のところ、オバマ政権下では、大恐慌以来の低い成長率の時代を過ごすことになりました。

現在、私がトランプ大統領にアドバイスしていることも、同じ考え方によるものです。とてもシンプルで、明快な話なのです。GDP（国内総生産）を増やしたいのであれば、経済活動をしやすくすればよいのです。

では、どのようなことが経済活動を阻害することになるのでしょうか？

それは、仕事をしない人にお金を渡して、仕事をする人には課税をすることです。

このことは、とくに難しい話ではないはずです。

ジャック・ケンプ議員（サプライサイド経済学を支持した有力な共和党下院議員）も、かつてこのように語っていました。

「政府が、働いている人に対しては課税して、働かない人に対してはお金を配るならば、働かない人が増えたとしても、むしろ当然のことだろう」

分配しても富は増えない

――景気対策として財政支出を拡大することが、むしろ景気を回復させるためには逆効果になりうるという考え方になります。

ラッファー　レーガン大統領は、一九八一年にこのように語りました。

「財政支出の削減に関する議論が、この数十年間にわたり続けられてきました。そうしなければ、税負担を軽減することはできないと考えられていました。支出削減のための取り組みも、繰り返されてきました。また、財政赤字を減らすことなくして、減税をしてはいけないと主張する人たちも数多くいました。

ところで、子供たちに無駄遣いを止めさせるには、どうしたらよいでしょうか。声がかれるまで説教することもできます。しかし、そもそも小遣いの金額を減らしてしまえば、無駄遣いはできなくなるはずです」

ミルトン・フリードマンの言葉も紹介しておきたいと思います。

「私の結論としては、政府支出を抑制するためには、政府の税収を制限することが最善の方法だということです。

個人の家計においても、収入が限られていれば、支出を抑制するしかなくなるのと同じことです」

また、エイドリアン・ロジャーズ（キリスト教保守派の牧師）は、このように説いていました。

「たとえ豊かな人たちの自由を制限しても、貧しい人たちの自由が増えるわけではありません。働かないでお金をもらう人がいれば、その分だけ、お金を受け取らずに働いている人がいるはずです。政府であっても、誰かにお金を与えるためには、そのためのお金を、他の誰かから受け取っている必要があります。

もし、社会の半数の人たちが働く必要がないと考えて、残りの半数の人たちが自分たちのために働いてくれたらよいと考えるようになるならば、また、その残り半数の人たちが、自分たちの収入が取り上げられるくらいなら、働くことなどバカらしいと考えるようになってしまうならば、親愛なる友よ、いかなる国であっても滅びに至ることになります。富というのは、分配することによっては、増えたりはしないのです」

世界を変えたラッファー曲線

——ラッファー曲線に象徴されるサプライサイド経済学は、世界的な影響を及ぼすことになりました。

ラッファー　ウォールストリート・ジャーナル紙の一〇〇周年記念号『世界を変えた人たち』（一九八九年）の特集「ビジネス世界に影響を与えた偉大な人々」では、「ロナルド・レーガン政権の八年間での経済政策の中核にあったのは、サプライサイド経済学の考え方だった」と評されています。

また、一九九九年のタイム誌の「今世紀の偉大な思想」特集では、ラッファー曲線について「今世紀における偉大な進歩のひとつだった」と紹介されています。

ジュード・ワニスキーは、一九七五年のパブリック・インタレスト誌で、このように説明していました。

「ラッファーの主張によると、『税収額が同じ結果になる、異なる二種類の税率が必ず存在する』としています。

また、『例えば、税率がゼロであるときには、税収もゼロとなる。また、税率が一〇〇パーセントであるときには、生産活動がなくなってしまうので、やはり税収はゼロとなる。この二つの極値の間に、税収が最大になる税率がある』とのことです（[図表4]参照）。

つまり、税収を増やそうとして税率を上げると、経済活動が阻害されたり、課税からの逃避が起きたりして、逆効果になってしまう領域があるのです。アメリカの限界税率は、まさにそのような逆効果が生まれる領域にあると指摘されています。

これについて、ロバート・マンデル（一九九九年ノーベル経済学賞受賞者）によると、アメリカ経済は『税金によって締め上げられて、窒息した状態にある』と表現されています。

また、インフレの進行によって、累進的な税率の仕組みの下では、高い税率区分への移行も起きていました」

［図表４］ラッファー曲線

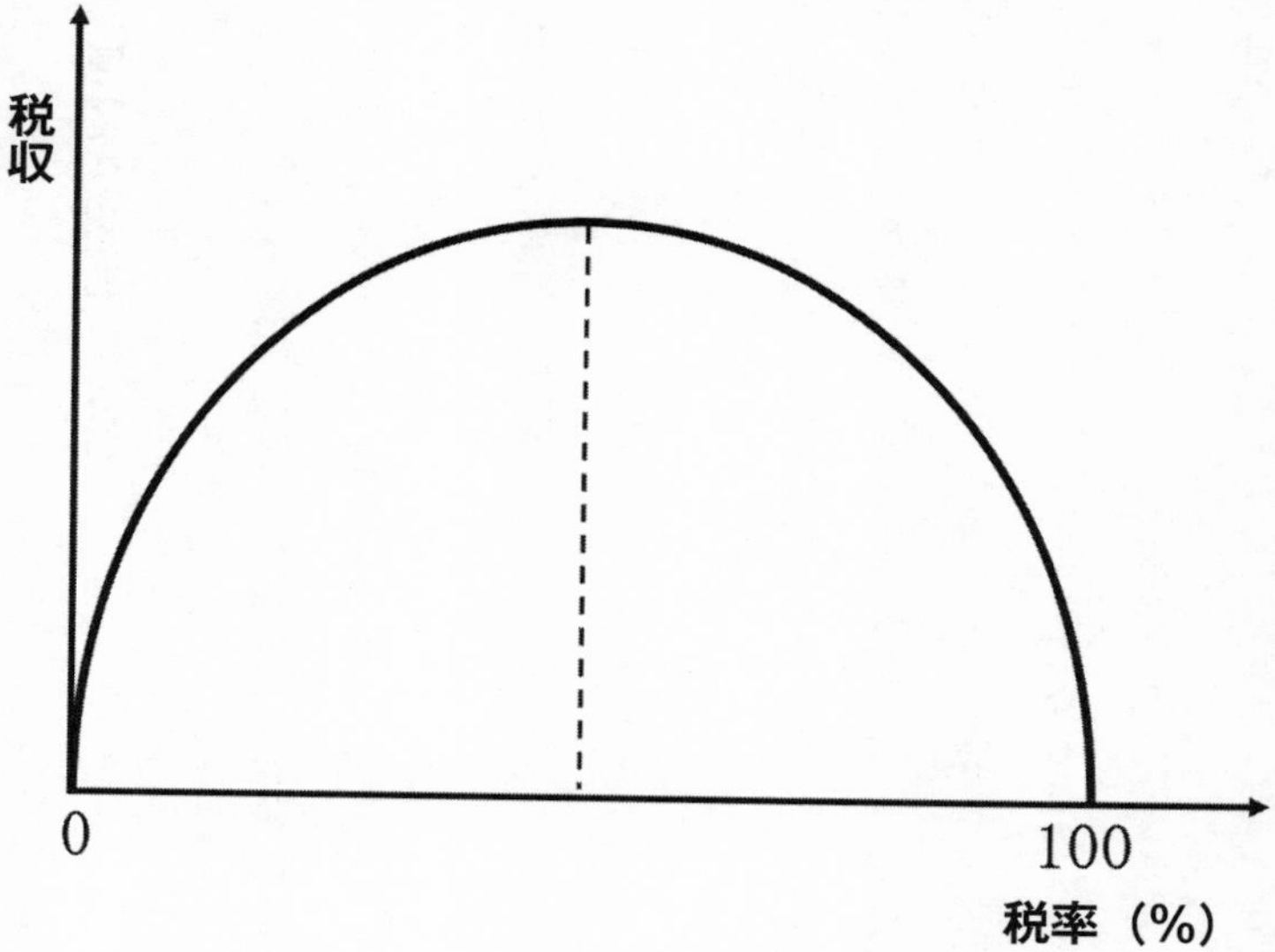

マンキュー経済学での批判的記述

――グレゴリー・マンキュー教授の有名な経済学教科書のなかで、ラッファー曲線について言及された内容が波紋を呼んだことがありました。

ラッファー　ハーバード大学経済学教授グレゴリー・マンキューは、『経済学の原理』の「いかさま師と変人たち」と題した一節で、次のように述べていました。

「ある流行経済学の実例が、一九八〇年に生まれました。ごく少数の経済学者のグループが、大統領選の候補者であったロナルド・レーガンに、所得税率の全面的な引き下げを実施すれば、税収が増加すると助言していました。手取り額が増えることになるならば、人々はより多くの所得を求めて、もっと稼ぐようになるとの考え方でした。

つまり、たとえ税率を下げたとしても、所得が大幅に増えることになるので、税収も増える結果になるとの主張でした。

しかし、ほとんどの経済学者は――レーガンによる減税の公約を支持していた人たちも含めて――あまりにも楽観的すぎる結論だと見ていました。たしかに税率を下げれば、人々の勤労意欲を上げることができるかもしれないが、税率を下げた分の直接の税収減と相殺されることになるだろうとしていました。

一九八〇年大統領選にやはり出馬していたジョージ・ブッシュも、大多数の経済学者の見解に同意していました。ブッシュは、こうした考え方を〝ブードゥー（呪術的）経済学〟だと酷評したのです。

それでも、この考え方はレーガンを魅了することになり、一九八〇年大統領選から一九八〇年代の経済政策を通じて、具体化されていくことになりました」

この記述については、マンキューは編集者と一部の読者からクレームを受けることになりました。「経済学の教科書での政策論の記述としては、過度に刺激的な表現だ」とのことでした。

そこで、一九九八年発行の初版にあった「いかさま師と変人たち」との表現は、二〇〇〇年発行の第二版からはなくなり、「ラッファー曲線とサプライサイド経済学」として説明されています。

また、マンキューは、二〇一〇年にはラッファー曲線について、このように述べています。

「私の考えとしては、短期と長期では、まったく異なる結果になるということです。例えば、最高税率を三五パーセントから六〇パーセントなどに上げたら、短期的には税収は上がるかもしれません。しかし、時間の経過とともに経済成長率は低下して、増加していたはずの税収も逓《てい》減していきます。やがて税率を上げる前よりも、もっと税収が減少する結果になります。

ですから、現時点で具体的な数字を挙げることはできませんが――検証のための時間が必要になりますので――政策決定という次元では、短期的な成果よりも、長期的な成果をより重視して判断するべきだろうと思います」

サプライサイド経済学はインチキ薬か

――サプライサイド経済学が、良い経済学である理由は？

ラッファー　学校に通う子供たちに良い成績を取らせたいときには、どうしますか？
Ａ（優）の成績を取ったら褒《ほ》めて、Ｃ（可）の成績を取ったら叱ればよいのです。
つまり、悪い行いには罰が与えられて、良い行いが報われるようにすればよいのです。
そうすれば、誰もが良い行いをするようになるはずです。これがサプライサイド経済学の考え方です。

ロバート・ルーカス（一九九五年ノーベル経済学賞受賞者）は、一九九〇年の論文「サプライサイド経済学――その分析的な検証」で、このように述べています。

「この論文のタイトルは、〝サプライサイド経済学〟の分析的な検証としています。アメリカでは、このサプライサイド経済学との呼称は、とりわけ税制度の変更が資本の成長に影響を及ぼすことを主張する学説として理解されています。

私の分析的な検証では、キャピタルゲイン課税を廃止すれば、控えめな見積もりでも、株価は約三五パーセント上昇すると推計しています。こうした政策を十年以上続けるならば、アメリカの株式市場の年間上昇率は倍増することになります。

サプライサイド経済学者たちは——私が分析の対象としてきた人たちの呼称ですが——私の二十五年間の研究で知るかぎりでは、最大級で正真正銘のフリーランチをもたらしました。そのアドバイスを実践するならば、素晴らしい社会を実現できることは間違いありません」

—— 著名な経済学者たちのなかには、サプライサイド経済学に対して懐疑的な見解を示している人たちもいます。

ラッファー 例えば、ポール・クルーグマン（二〇〇八年ノーベル経済学賞受賞者）は、二〇一七年四月二十四日のニューヨーク・タイムズ紙で、このように書いています。

「減税の効果によって経済成長が生まれるとの信念は、歴史のなかでは、ほんのひとかけらも証明されてはいない」

また、クリントン政権で労働長官を務めたロバート・ライシュは、二〇〇八年に、アーサー・ラッファーとスティーブン・ムーアほか共著の『増税が国を滅ぼす――保守派が語るアメリカ経済史』（日経BP社刊）について、次のようにコメントしています。

「率直に言って、サプライサイド経済学というのは、インチキ薬のようなものだと考えている」

しかし、ロバート・マンデル教授は、一九八六年に税制改革法案の成立に寄せて、すでにこのように述べていました。

「減税政策については、私も一九七〇年代の初めから提言してきました。もし、個人所得税の税率が二五パーセントを超えてしまえば、税率の高さは逆効果を生むことになります。

税金を回避するために、さまざまな手段が尽くされるようになるからです」

税金が人間の行動に与える影響を、初めて指摘したのはアダム・スミスでした。『国富論』（一七七六年）では、このように述べられています。

「関税率を高くすると、課税された商品の消費が減少したり、密輸を促進したりすることになります。多くの場合、より軽い税率だったときよりも、政府の税収を減少させてしまうことになります」

トランプを批判する「悪い経済学」

――『トランスポノミクス』では、ポール・クルーグマンやローレンス・サマーズの主張は、批判的に取り上げられています。

ラッファー　働いていない人たちにお金をあげて、働いている人たちに課税をすれば、何が起きるでしょうか？　人々は働かなくなります。

また、豊かな人たちに課税して、貧しい人たちにお金を配ったら、何が起きるでしょうか？　豊かな人たちがいなくなって、貧しい人たちばかりになります。これが富の再配分の問題です。

そのような考え方は、正しい経済学とはいえません。しかし、ポール・クルーグマンもローレンス・サマーズも、そのような正反対の主張をしています。ですから、それは「悪い経済学」です。

――トランプが大統領選に出馬した当時には、企業経営者出身で、職業政治家の経験がない異色の候補者だと言われていました。ラッファー博士は、どのように見てきましたか？

ラッファー　私が正しい政策だと考えてきたことは、減税、規制の廃止、自由貿易、通貨の安定、政府支出の削減です。

トランプは大きな会社の経営者でした。ですから、企業経営と同じように政府も運営したいと考えています。そのどこが悪いのでしょうか。アメリカの株価も史上最高値まで上昇しました。トランプが素晴らしい仕事をしたということです。

たしかにポール・クルーグマンのように、まるで世界の終わりであるかのように批判する人たちもいました。しかし、私がレーガン大統領の顧問を務めていた頃にも、まったく同じような批判を受けたことを思い出します。

大恐慌と大不況に共通していた凶兆

――二〇〇八年九月にリーマン・ショックが発生したことが、ブッシュ共和党政権への不信任となり、オバマ民主党政権を成立させたとの通説があります。しかし、実際にはオバマが原因となって金融危機が発生したとの独自の見方をされています。

ラッファー　株式市場が見ているのは、これまでに起きたことではなく、これから起きることです。株価は将来に起きる出来事を予測します。

二〇〇八年大統領選が行われていた頃、オバマの当選が近づくにつれて、株価は下落していきました。大増税を公約していたオバマが当選すれば、景気が悪化することになると予想されていたからです。つまり、株式市場は、オバマの勝利を見通していました。

ですから、オバマの大統領当選の可能性が金融危機を招く原因になったのかと言えば、私の答えはイエスです。オバマは、自由市場の原理を理解する大統領ではなかったからです。

大恐慌のときにも、このときと同じようなことが起きました。

――二〇一一年二月のオバマ政権のグールズビー委員長との会話では、大恐慌をめぐる議論もあったとのことです。

ラッファー　グールズビー委員長との議論のなかで、非常に有益だった論点は、大恐慌のきっかけと原因についてでした。

グールズビーは、このテーマに関しては、ミルトン・フリードマンの研究によってすでに結論が出ていることだと考えていたようでした。

つまり、大恐慌の原因となったのは、過度な金融引き締めだったということです。そして、経済生産高の崩壊を招いて、デフレーションを引き起こし、失業率を悪化させたという理解です。

グールズビーとしては、この結論に関しては、もはや経済学を専門とする学者たちの間では議論の余地がなくなっていると理解していたとのことでした。しかし、私からは、それは違うのではないかと指摘しておきました。

次のように私が見解を述べると、グールズビーは驚きながら聴いていました。一九三二年のフーバー大統領によるスムート・ホーリー関税法がすべての始まりでした。そして、一九三六年のルーズベルト大統領によるさらなる増税が、大恐慌の原因になりました。

経済危機に直面した人々が金への逃避を起こしたことで、デフレーションが発生することになりました。金の価格が固定されていたために、実質的な金価格の上昇として、物価が下落することになったのです。

第5章

増税は国を滅ぼす

繁栄の時代が終焉した理由

――アメリカの失業率は、二〇二〇年四月には十四・七パーセントを記録して、大恐慌以来最悪の水準に急上昇しました。世界的なパンデミックのために、世界経済の動向も混沌としています。一九二九年に始まった世界恐慌の再来も懸念されている状況です。

ラッファー　「狂騒の二〇年代」から一九三〇年代に入ると、繁栄の時代は終わりました。アメリカの株式市場では、ダウ平均株価が一九二九年九月の最高値（三八一・一七ドル）から、一九三二年七月に最安値（四一・二二ドル）をつけるまで、株価は約九〇パーセントも下落しました。実際に、株価が一九二九年の水準に回復したのは、一九五四年になってからのことでした。

それでは、アメリカでの大恐慌の時代に、何が起きていたのかを説明していきましょう。「大恐慌」と呼ばれる時代は、一九二九年から始まったとされます。しかし、本当は、それ以前の出来事から始まっていました。

きっかけとなったのは、スムート・ホーリー関税法を制定する動きでした。当時のアメリカも、現在ほどではないですが、世界貿易のなかではすでに重要な存在となっていました。しかし、この保護貿易法案は、平時に貿易商品にかける関税としては、アメリカ史上最大級のものとなりました。

レーガン時代がそうであったように、「狂騒の二〇年代」にも、アメリカは空前の繁栄を迎えていました。株価は上昇して、ドル高が進み、貿易相手国との関係では、輸出よりも輸入が増えていく傾向がありました。海外からのアメリカに対する投資も急増していました。こうして一九二〇年代に、アメリカの貿易赤字と資本収支の黒字が急速に拡大していきました。このとき、輸入農作物によって農家には打撃が生じていました。

そこで、一九二〇年代のハーディングとクーリッジの両政権で商務長官を務めていたハーバート・フーバーは、一九二八年大統領選に出馬するにあたり、そうした農家を守るために輸入農産物に高率の関税をかけることを公約にしました。

一九二八年大統領選でフーバーが当選すると、公約が実行に移されて、農産物を保護するための関税法が検討され始めました。やがて、上院議員や下院議員たちのなかで支持が広がると、次第に熱狂的な動きになっていきました。

当初は農産物を保護するための関税法案でしたが、あらゆる製品に対して関税を課すという巨大なスムート・ホーリー関税法案に拡大していったのです。法案の提出者は、リード・スムート上院議員と、ウィリス・ホーリー下院議員でした。

大恐慌を起こした増税政策

ラッファー　一九二九年五月に、この法案は下院を通過しましたが、保護貿易が開始されることになれば、景気は後退することが予想されました。こうしたなかで、一九二九年十月には株式市場の大暴落が発生しました。ジュード・ワニスキー著『世界はこう動く』では、この当時に起きていた出来事の流れが詳しく記述されています。

ようやく上院でも法案が通過して、フーバー大統領が署名を行ったのは、一九三〇年六月のことでした。株式市場の暴落は、このような将来の動きを予測していたことになります。

株式市場が下落していくと、金融システムが崩壊していくことになりました。数多くの人々が銀行口座から預金を引き出そうとしたからです。銀行は資本不足に陥り、金融恐慌が発生していきました。

政府の税収も落ち込んだので、フーバー大統領は、一九三二年に大増税法案を成立させました。一九三二年一月に実施されたこの増税は、それまでにない規模となりました。

個人所得税の最高税率は二五パーセントから六三パーセントに引き上げられ、最低税率は約一・一パーセントから四パーセントに引き上げられました。法人税も、一二パーセントから一三・七五パーセントに引き上げられました。相続税の最高税率も、二〇パーセントから四五パーセントに上がりました。贈与税も復活して、三三・五パーセントとされました。州税・地方税による税収の対GDP比率は、一九二九年の七・二パーセントから、一九三〇年には八・五パーセント、一九三一年には九・七パーセント、一九三二年には一二・三パーセントとなっていきました。

一九三二年一月に、この大増税が開始されたことにより、株式市場の崩壊はさらに進行していきました。株価がようやく底を打ったのは、一九三二年七月のことでした（一九二九年の最高値からは約九〇パーセントの下落となる）。

景気が非常に悪化したために、一九三二年十一月の大統領選では、現職のフーバー大統領がフランクリン・ルーズベルトに大敗を喫することになりました。

史上最大のルーズベルト大増税

ラッファー　一九三三年三月にルーズベルト大統領が就任すると、政策は大きく転換されることになりました。このときに導入された税制政策は、景気にさらに深刻な打撃を与えました。この大増税が、その後のいかなる政権でもなしえない規模であったからです。たしかにオバマ政権でも大増税が行われましたが、ルーズベルト政権が大恐慌下で行ったほどの規模ではありませんでした。

ですから、この大恐慌という事態は、突然に発生したわけではなく、段階を追って進行していった出来事であったことが分かります。

一九三〇年に成立したスムート・ホーリー関税法では、二万品目以上の貿易商品に対して関税が課され、うち三千品目以上では実効税率が六〇パーセントに達して、平時のアメリカでは最大級の関税法となりました。この関税法に対しては、諸外国からの大規模な報復が行われることになり、大恐慌を発生させる引き金となりました。

また、一九三二年に、フーバー大統領のもとで連邦税と州税の大増税が実施されると、景気後退に追い打ちがかけられました。

さらに、一九三六年に、ルーズベルト大統領がさらなる大増税を実行すると、一九三七年の深刻な不況は決定的なものとなりました。

一九三三年三月には、政府はバンク・ホリデー（銀行休業）を宣言しました。銀行における金兌換と外国為替業務も禁止されました。

また、一九三三年四月には、大統領令によって金の退蔵が違法とされ、政府に対して強制的に保有する金と金証券が供出されることになりました。金一オンス当たり二〇・六七ドルの交換レートで、ドル紙幣や銀行預金と引き換えられることとされました。金を取引するすべての契約条項は無効とされました。

一九三四年一月末には、すでに大部分の金が没収されていましたが、金価格は、政府により一オンス当たり三五ドルに引き上げられました。つまり、一年も経たないうちに、政府は、ほとんどの金を一オンス当たり二〇・六七ドルで没収したうえで、金の価格を約六〇パーセントまでに減価させたことになります。当時の名目ＧＤＰは五七五億ドルでしたが、一九三三年の金保有者からの没収額は、六〇億ドル以上にものぼりました。まさしく税金地獄でした。

ルーズベルト政権下では、相続税の最高税率は、一九三四年に四五パーセントから六〇パーセントに、一九三五年には、さらに七〇パーセントに引き上げられました。贈与税の最高税率は、一九三三年の三三・五パーセントから、一九三四年には四五パーセントに、一九三五年には五二・五パーセントに増税されました。

法人税の最高税率は、一九三六年には十五パーセントに増税され、一九三七年になると、未配当利益に対して最高二七パーセントとなる超過税が課税されることになりました。

個人所得税の最高税率も、一九三六年には七九パーセントにまで引き上げられました。

これらの事例を見ていると、まったく気分が滅入るばかりです。

日本経済の長く緩やかな衰退

――日本経済は、一九九〇年代から長期不況の時代に突入しました。現在までの日本の経済状況については、どのように見ていますか？

ラッファー　一九八九年末には、日経平均株価は三万八九〇〇〇円台のピークに達していました。しかし、現在は二万二〇〇〇円台にあります（二〇二〇年七月現在）。二〇〇九年三月には、七〇五四円の最安値をつけましたが、ピークからは約五分の一の水準にまで下落したことになります。

このことは、日本経済の恐るべき崩壊が起きたことを意味しています。それだけではなく、株価のピークから三十年が経過した現在でも、その約半分の水準に留まっていることも驚くべきことです。

この長期的な不況は、アメリカで一九二九年から起きた大恐慌とは違ってはいますが、日本経済を緩やかに死に至らしめる恐るべき病でした。過去三十間の日本では、悲惨な出来事が起きていたことを意味しています。銃で撃たれるようにではなく、あたかも、ゆっくりと毒殺されるかのような事態が進行してきたのです。

日本で起きていた問題は、株式市場の崩壊だけではありませんでした。日本では、少子化も急速に進行しています。世界各国と比べても、日本の出生率は、きわめて低い水準にあります（二〇一九年の日本の合計特殊出生率は一・三六）。こうした状況になっている原因は、日本人が将来を楽観的に見通せなくなっているからでしょう。

現在の日本の人口は一億二五〇〇万人とのことですが、現在の低い出生率が続いた場合には、八十年後の二一〇〇年に、人口は七五〇〇万人になっているとのことです。そのような未来は寂しいです。

これまでの日本政府は、高い税金や過剰な規制によって、「大きな政府」の方向に向かってきました。しかし、その結果、日本は多くのものを失っています。それは、現在の日経平均株価が、一九八九年の最高値と比べても、およそ半分の水準にあることを見ただけでも明らかなことです。

現在までの日本の経済政策は、およそ成功しているとは言えません。社会保障のための財源の問題も解決できていません。世界有数の保護主義的なところも、日本経済を弱くする原因になっていると思います。農業に対する補助金もやめるべきでしょう。

私は、これまでの日本を見てきて心を痛めています。日本人は、自国の政府に対する高い信頼感を持っていて、日本人が日本を誇りに思う気持ちは素晴らしいと思います。ただし、正しい政策を実行していないことは、良くないところです。

私は、日本のための力になりたいと願っています。もし、私が、日本政府に対してアドバイスをするのであれば、ミルトン・フリードマンが私に教えてくれた言葉と同じことを言いたいです。

「もし失敗をしたならば、すぐにそれを認めなさい。失敗を認められないために、二回目も、同じ失敗を繰り返さないようにしなさい」

人間は間違いを犯しやすいものですから、失敗することはあります。しかし、素直に失敗を認められないために、再び同じ失敗をするようなことがあってはならないということです。ですから、政策の実行に失敗したならば、今度は、政策を変更しなければならないはずです。

今こそ、もう一度、日本の繁栄を取り戻すべきときです。子供たちの将来にも素晴らしい未来が約束されるような、新しい日本をつくるべきときです。

日本の問題点としては、思想面での競争が少ないことも挙げられます。日本人の特徴は集団志向が強いことです。中国人とは対照的です。日本人は集団での合意を尊重して行動しますが、中国人の方がワイルドな資本主義に適しているように感じます。私は、現代のアメリカ人としては最も早い時期に、中国に行ったことがあります。

一九七〇年十月にニクソン政権に参加したとき、私は、行政管理予算局でジョージ・シュルツ局長のもとで首席エコノミストを務めていました。ホワイトハウスで中国のことも担当していたので、まだ私がとても若かった頃ですが、中国を訪問した経験があるのです。

日本を再び偉大な国に

——ラッファー博士は、以前に、日本を訪問したことがあるとのことです。そのときの印象は、どのようなものでしたか?

ラッファー　実は、私は日本の大ファンです。なぜなのかは分かりませんが、本当に、日本のことが好きなのです。私にとっては、日本人はとても不思議な存在です。地球上に住んでいる異星人のようにも感じられます。私が知っている他のどのような人種とも異なっているからです。

以前に日本を訪問したときのことです。飛行機で空港に着陸してから、迎えの車に乗って東京に向かっていました。後部座席に座って東京湾を見下ろしていたときに、眠気に襲われました。すると、海の中から、とてつもなく大きな怪物が現れてきた——ゴジラだ!

——そうした情景を思い浮かべながら、車中を過ごしていたことを思い出します。

街中で歩いている大勢の日本人を見渡したときに、急に心に思い浮かんだことがありました。

「この街では、ほとんど言葉が通じることがない。もし、どこか知らない場所で、運転手に車から降ろされてしまったら、はたして、私は生き延びることができるだろうか？」

地球上のどのような国とも異なっていますが、だからこそ、日本という国は私にとっては魅力的です。日本に魅了されてきた私は、いつも日本が正しい方向に進むことを願ってきました。

新幹線に乗車したことがあるのですが、そのときの車中から、富士山を眺めることができました。私はアメリカ人ですが、富士山の素晴らしさを理解することができます。これほど美しい国のシンボルはないと実感しました。

しかし、このような美しい国であるというのに、自殺する人たちも数多くいるとのことです。なぜ、毎年、多くの自殺者が出るのでしょうか？ それは日本の社会のなかに、何か間違いがあることを示していると思います。私は、日本が豊かな国であることにも、日本人が誇りに思えるようになってほしいと願っています。

将来の子供たちは素晴らしい国に生まれてくることができる。そう信じられるようになってほしいです。それは、ＧＤＰ成長率の数字を追いかけるようなことよりも、はるかに大切なことだと思います。

「日本を再び偉大な国に（メイク・ジャパン・グレイト・アゲイン）」してほしいものです。もちろん好戦的な国になれというようなことではありません。戦後の日本は高度経済成長をして、再び偉大な国になることを始めていたはずでした。しかし、一九八九年を最後に日本は一度、死んでしまいました。それでも、私は、「日本が再び偉大な国に」なることを願っています。

――日本に深い関心を寄せてこられたとのことですが、日本にまつわるエピソードで思い出されることはありますか？

ラッファー　第二次世界大戦は、日本人にとっては悲惨な出来事でした。戦後の日本を統治したマッカーサーとは、実は、私は知り合いでした。当時の私は小さな男の子でしたが、マッカーサーの肩に乗せてもらったこともあります。ニューヨークのウォルドルフ・アストリア・ホテルに住んでいた頃のマッカーサーの奥さんのことも覚えています。私のファースト・ネームはアーサーですが、その頃は、よく「あなたは、キング・アーサー（アーサー王）さんですか」と冗談を言われました。そのようなときに、私は「違うよ、〝マック〟アーサーだよ」と答えていたものでした。

それから、小渕恵三さんが首相のときに、日本でも減税が実施されたことを覚えています。所得税の最高税率が引き下げられて（一九九九年に、五〇パーセントから三七パーセントに引き下げられる。現在は四五パーセント）、その頃の日本経済は好調でした。しかし、小渕さんは突然、脳卒中で倒れてしまいました。短い任期で実行した政策のひとつが、サプライサイドの考え方にかなう減税でした。日経平均株価は二万円台まで回復しました。日本は偉大な国になろうとしていたはずなのに、以前のような勢いは、再び取り戻せていません。

日本が緩やかに自殺していくのを止めなければなりません。これまで日本人がしてきたことは、日本の社会を殺して、日本の文化を死なせることだったといえます。日本の人たちに、その恐るべき現実に目覚めてもらいたいです。

消費増税の失敗は繰り返される

――消費増税の問題は、近年の日本経済における大きなテーマです。安倍首相は、消費税率の引き上げを二回にわたり実行しました。二〇一四年四月には、五パーセントから八パーセントに、二〇一九年十月には、八パーセントから一〇パーセントに増税しています。

ラッファー　日本では、消費税が一〇パーセントに増税されました。しかし、一九八九年に消費税が最初に導入されたときには、税率は三パーセントでした。一九九一年に、私は「日の沈む国」という論文を発表しました。「日が昇る」のではなくて、「日が沈む」と表現したのです。日本経済が停滞する原因は、日本政府が実行してきた政策が悪かったことにありました。日本はその結果、緩やかに衰退してきたのです。

消費税を、再び増税したことは疑問です。

どのような深い山奥の村人であっても知っている格言があります。「ロバに一回蹴られたならば、教訓を学ぶべきだ。さもなければ、また二回目も同じようにロバに蹴られることになる」というものです。

私は日本人よりも真剣に、日本のことを心配しているかもしれません。

もし、私が、安倍首相にアドバイスできるならば、同じ過ちを二度は繰り返さないで下さいと言いたいです。政策を誤ったと気づいたならば、その失敗を認めて、正しい政策の方向に向きを変えて進んでいってほしいのです。

それほど昔ではない時代に、日本は、現在とはまったく違う国でした。第二次世界大戦後の荒廃から立ち上がり、世界で最も経済成長した国となりました。

一九五一年の日本のＧＤＰと比べると、当時のアメリカのＧＤＰは二十一倍の規模がありました。しかし、一九九〇年には、日本のＧＤＰはアメリカの半分を超える規模にまで成長していました。当時の日本には、現在の中国の成長すら霞《かす》んで見えるほどの勢いがありました。

一九八八年には、日本の株式市場の時価総額は、世界の株式市場の時価総額の四二パーセントを占めていました。しかし、現在での日本のシェアは、わずか八パーセントです。その結果、四十歳以下の世代の人たちは、ほとんど日本に関心を持たなくなっています。

去っていくものが忘れられるのは、早いものです。

日本が、アメリカの左翼経済学によって完全に屈服してしまった結果であるとも言えます。

しかし、本当は、世界は日本を必要としています。

明治維新から第一次大戦の頃まで、日本という国は素晴らしかったし、第二次世界大戦後には、繁栄を取り戻すことにも成功していました。ゆっくりと毒がまわっているのは、この数十年間のことに過ぎません。世界に貢献できる重要な国に、日本が戻っていくことが待望されています。

ハーバード大学経済学教授のマーティン・フェルドシュタイン（レーガン政権で大統領経済諮問委員会委員長を務める）は、二〇一〇年にワシントン・ポスト紙に「ラッファー曲線が反転するところはどこか？」と題する論説を書いています。

「なぜ、税収が最大化する税率を見つけなくてはならないのでしょうか？

税収が最大化するポイントを超えていくと、税収の増加よりも経済に対する損失の方が上回るようになるからです。税率が上がっていくと死荷重（経済に対する実質的な損失）が増大することになります。

もちろん、私も他の人と同じように、財政赤字は嫌いです。しかし、財政赤字を一億ドル減らすために、例えば、ＧＤＰ（国内総生産）を一〇億ドル失うようなことは避けるべきだと思います。

国民所得そのものが目標であるというよりも、消費が活発になり、生活水準が向上することを目指すべきです」

税率が高いと税収は減少する

――日本人は、税金というテーマを正しい経済学の観点からも理解する必要があります。

ラッファー　そもそも税金とは悪いものではありますが、とりわけ悪い効果を生む場合があります。ですから、税金を集めるときには、経済に対するダメージを最小にするべきです。そして、政府支出を行うときには、経済にとっての利益が最大になるようにするべきです。税金を集めることによる損失が、税金を使うことによる利益を上回るときには、それ以上の税金を取ることは止めるべきです。それが政府の適正規模を決めることになります。利益の方が大きいときには、小さな政府ということになり、損失の方が大きければ、大きな政府ということになります。

適正な税率から遠ざかるときに、政府という権力機構の存在が、経済にダメージを与えることになります。また、悪い税金による損失は、比較級数的に拡大することになります。例えば、適正な税率から一歩を遠ざかるときの損失と比べると、二歩を遠ざかるときの損失は、その四倍にもなります。ですから、損失を最小にするためには、できるだけ税率が低く、できるだけ課税ベースが広い税制にする必要があります。

――『トランポノミクス』では、ラッファー博士をはじめとするトランプ政権の経済顧問たちが、フラットタックス（一律税率）を理想としていることにもふれています。

ラッファー　スティーブン・ムーアやスティーブ・フォーブス（フォーブス誌編集長）は、私にとっての最高の友人たちです。ただし、彼らがフラットタックスを提唱しているのは、どちらかと言うと学問的なものというよりも、自由に対する信念からだと思います。

私の立場としては、自由市場経済《フリーマーケット》が最適の選択肢になるというのは、経済学としての数理的な結論です。ですから、私としては、自由市場経済が好きだとか嫌いだとかいうことではありません。むしろ、私が考える視点は、経済的な効率性にあります。

自由市場経済のもとで、税率が低く、課税ベースが広い税制が採用されるならば、最高の経済的成果が生まれます。この私の考え方は、経済学の立場からのものです。

ケネディ大統領は、一九六二年にニューヨーク経済クラブで、このように演説しています。

「私たちが、本当に選択を迫られていることは、減税をすることと、財政赤字を避けることの二者択一などではありません。

現在、国家安全保障の懸念が急速に高まっています。そうした時期にあっては、いかなる政権であったとしても明確に認識しておくべきことがあります。それは、高い税率が足かせとなって経済が失速してしまえば、企業が利益を上げて、雇用を生み出し、財政収支を黒字にすることはできなくなるということです。

逆説的な真実ではありますが、税率が非常に高ければ、かえって税収が減少することになります。したがって、長期的な視点で税収を増やそうと考えるならば、税率を下げることが最善の方法になるのです」

カリフォルニアの「納税者の反乱」

――サプライサイド経済学の先駆的な実証となったのが、一九七〇年代のカリフォルニア州で始まった「納税者の反乱」でした。ラッファー博士もこの運動に関わっていたとのことです。

ラッファー　一九七八年六月六日に、カリフォルニア州の住民投票で住民提案（プロポジション）十三号が可決されると、固定資産税が約六〇パーセント減額されることになりました（平均で市場価格の二・五パーセントから一パーセントに減額となる）。

このときに、ウォルター・ヘラー（ケネディ政権で大統領経済諮問委員会委員長を務める）は、次のように警告していました。

「この日に成立した法律のために、地元の学校、病院、警察署、消防署がなくなるという大混乱が起きるかもしれません。

このような財政上の制限を州議会に課すことになれば、新たな税制の枠組みのもとでは、州政府は脆弱になり、民主主義が衰退することにもなりかねません。したがって、住民提案十三号の効果は危うく、嘆かわしいものとなります。

また、カリフォルニア大学ロサンゼルス校（ＵＣＬＡ）での計量経済学による試算によると、住民提案十三号の制定によって、三〇万人の公的雇用と一〇万人の民間雇用が失われるとのことです」


ハーバード大学のジョン・ケネス・ガルブレイス教授は、その社会主義的な考え方でも知られていますが、この頃に私宛てに、おもちゃの消防車を同封した手紙を送ってきたことがありました。

もちろん、そこにはガルブレイス教授の皮肉が込められていました。住民提案十三号のせいで、カリフォルニア州から消防車がなくなってしまう事態が起きるかもしれないので、代用品にでもしてくださいというメッセージでした。まるで世界の終末が到来するかのように信じ込んでいたのです。
しかし、現実には、〝黄金州〟（カリフォルニア州の愛称）の復活が起きることになりました。ガルブレイス教授には、そのような結果はまったく予想することができなかったのです。

サッチャー革命でイギリスは再生した

——一九八〇年代のサッチャー革命も、代表的なサプライサイド経済学の成功事例となりました。ラッファー博士は、イギリスのマーガレット・サッチャー首相との交流もあったとのことです。

ラッファー　今までに素晴らしい人たちとの時間を共にできたことは、私にとっての良い思い出です。以前、私は、サッチャーさんを自宅に招いたこともあります。首相を退任してからのことでしたが、イギリス国会議事堂での会食に招かれたこともあります。そのときにサッチャーさんは、それまでの出来事を私に話してくれました。

一九七九年五月の総選挙で保守党が勝利して、サッチャー党首はイギリス首相に就任しました。その後の十一年間の政権では、数々の目覚ましい政策が遂行されました。

その業績のひとつは、有能なキース・ジョセフ産業相が実行することになった石炭業、鉄鋼業、鉄道業での国営企業の民営化でした。これらの産業では、保守党、労働党の政権交代を経た現在にあっても、民間企業による経営は維持されています。正しい政策は長く続くということの良い実例です。

私が知るかぎり、とりわけ素晴らしい功績となったのは、ナイジェル・ローソン財務相と共に、一九八八年四月六日に、個人所得税の最高税率を六〇パーセントから四〇パーセントに減税したことです。そのときから、イギリス経済のエンジンはフル稼働になりました。

イギリスが資本投資にとって絶好の場所になったことは、誰の目にも明らかなことでした。サッチャー減税は、イギリス国内での資本投資収益率を急伸させることになりました。世界の資本は、もはやイギリスを立ち去るどころか、まるで入国を求めて国境で行列しているかのようでした。

イギリスへの国際収支には、貿易赤字だけではなく、資本の流入も合算されます。一九八七年の初めには、イギリスの貿易収支はおおよそ均衡していたのですが、一九八八年の終わりから一九八九年の初めには、対GDP比で約四パーセントの赤字（そして、資本収支の黒字）になっていました。イギリスの良い税制を求めて、大きな資本の流れが起きて、巨額の資本収支の黒字と貿易赤字が生まれたのです。

ビートルズには、「タックスマン」という曲がありました（一九六六年発売のアルバム『リボルバー』に収録）。その冒頭には、このような歌詞がありました。

「どういう仕組みか　説明しましょう　／　あなたが一なら　私の分は十九です　／　私は税務署員だから　ええ、税務署員だから」（一九七〇年代までのイギリスでは、所得税の最高税率は八三パーセントで、投資所得課税を含めると九八パーセントとなった）。

チリにも行ったことがあります。私の教え子たちでもあるシカゴ・ボーイズ（シカゴ大学に学んだチリの経済学者たち）が、チリの経済改革と税制改革に携わりました。その結果、チリは南米で一番、経済が伸びた国になりました。

正しい経済学の考え方によって、国は繁栄することができます。それは、あたかも平和的な革命が進行していくようなものです。この地球上を見渡してみると、現在の日本ほど、サプライサイド経済学による革命が必要な国はないでしょう。

ニクソン・ショックの真相

――ラッファー博士は、一九七一年八月のニクソン・ショックでの政策決定に参加していたとのことです。戦後の国際経済秩序であるブレトン・ウッズ体制が転換することになった大事件でした。

ラッファー　私は、キャンプ・デービッドでの会合の場に立ち会いました。今でもそのときのことは、よく覚えています。アメリカはドルと金の交換を一時停止して、一九七一年十二月にはスミソニアン協定が合意されることになりました。

しかし、この一九七一年の政策決定は、大きな失敗でした。ニクソンは金本位制からの離脱を決意しましたが、一九七〇年代から八〇年代初頭にかけての高金利と高インフレを招くことになったからです。

金本位制についての考え方では、ポール・ボルカー（財務次官、後にFRB議長を務める）と私は一致していましたが、残念ながら、私たちは戦いに敗れました。

賃金と物価の統制についても、関税についても、私は敗れることになりました。一九七四年に、私はウォールストリート・ジャーナル紙に「通貨切り下げの苦い果実」と題して、二桁のインフレが起きる理由についての論説を書くことになりました。

私は、個人的にはニクソン大統領は好きです。悪役になってしまいましたが、非常に聡明なだけでなく、面白い人でもありました。一緒にいて楽しい人でした。悪役になりたいと思ったわけではなかったでしょうが、立場が悪かったともいえます。ニクソンは、どのような問題であっても自分は解決できると考えるタイプの人でしたが、そうはうまくはいきませんでした。

王様と潮の逸話と同じことです。クヌート王（十一世紀のイングランド王）が潮に向かって「陸に向かって流れてくるな」と命じたけれども、その流れを止めることはできずに、ずぶ濡れになってしまったという逸話があります。つまり、王様の権力であっても、万能ではないということです。

自然の法則であれ、経済の法則であれ、抗《あらが》うことのできない大きな力が働いています。自然の力を呪ったりするのは、無益なことです。自然の力を受け止めながらも、よりよい働きとして活かすことを考えなくてはならないのです。

私たち人間は、そうしたよき力に従って、よりよい社会をつくるべきなのです。
ケネディが語った通り、社会福祉の最善のかたちとは、人々に十分な収入のある仕事を保障することです。誰か見知らぬ他人からの小切手をあてにさせることではないはずです。

――経済の本質を理解するためのシンプルなお話です。

ラッファー　素直にものごとを見ることは大切です。
どうすれば、人々はよい仕事ができるか？
幸福になることができるか？
もっと豊かになれるか？
そのためには、どのような政策を提案できるのか？
私は、いつもそうしたことを考えています。

ピケティ経済学の誤り

――フランスの経済学者トマ・ピケティの著作『二十一世紀の資本』(みすず書房刊)が、近年、富の格差をテーマにして世界的に注目されました。

ラッファー　なぜ、ピケティが問題なのかと言えば、怒りの感情をもとにしているからです。人間が本来の姿でいることを憎んでいます。人間はこうでなければならないと決めつけているのです。

ピケティには、これまでに何度か討論を持ちかけたことがあります。学問的な議論をしたいと願っているのですが、これまでに実現していません。ただ、私がピケティを良い経済学者だとは思えないのは、主観的すぎて偏見があると考えるからです。

富裕な人たちがいることは、何か間違ったことではないのです。良い仕事をしているから、お金持ちになったということです。たしかに、正しく稼いだ人もいれば、あくどい方法でお金を手にした人もいるでしょう。

また、貧しい人がいることも、何か間違ったことではないのです。運が悪い人もいれば、何かで失敗した人もいることでしょう。しかし、やがてお金持ちになる人もいます。自然な世界というのは、そうしたものです。

私が願ってきたことは、そうした世界を阻害するものから人々を自由にすることです。人々の可能性を解き放つことです。

セオドア・ルーズベルト（第二十六代アメリカ合衆国大統領）の言葉を引用したいと思います。

「私が『公正な扱い』を掲げる立場について語りたいと思います。文字通りの意味で、偏りのない立場として理解していただきたいのです。

私が『公正な扱い』と語っていることの意味は――真実を述べる人ならば、そのように言うはずですが――必ずしも、すべての人に最善のカードが配られるわけではないということです。良いカードが配られたとしても、配られなかったとしても、カードを役立てる能力がないとしても、それはその人の問題なのです。ただ、不公正なことは許されないということです。

私たちの能力が不完全であっても、政府の機関が介在すれば、平等に能力を発揮できる機会があるようには見えます。しかし、それでは金持ちが貧しい人に対して、貧しい人が金持ちに対して差別があることになります。金持ちであっても、貧しい人であっても、正当に守られるべき権利があるからです。自分に与えられた力を発揮するチャンスは――誰かを不当に扱う必要もなく――すべての人が持っています」

私の世界観について、お話しました。

上げ潮はすべての船を浮かばせる

ラッファー　富める人を、憎んではいけません。貧しい人も、憎んではいけません。どのような人であっても憎んではいけないのです。

憎しみを捨てるべきです。そして、愛することを始めるのです。

日本にも繁栄してほしいものです。私は日本が幸福で、豊かで、素晴らしい国になることを願ってやみません。

アメリカも、ドイツも、ロシアも、中国も、同じように素晴らしい国となることを願っています。私たちは、みな世界の仲間であるからです。

どのような人であっても、理想を持つことで素晴らしくなることができます。

ジョン・F・ケネディも、このような言葉を語りました。

「成功した人を引きずりおろすことによっては、豊かになることはできない。しかし、成功する人が現れたら、他の人たちもその恩恵にあずかることができる」

そして、ケネディだけでなく、レーガンもよく語っていた言葉も思い出されます。

「上げ潮は、すべての船を浮かばせる（A rising tide lifts all boats.）」

――とても印象的なお言葉を紹介してくださり、ありがとうございます。

ラッファー　私も、良い言葉だと思います。私の願いは、そのような世界をつくることです。

訳者解説

「日本が再び偉大な国に」なるためのヒント

事実上のトランプ公認本

本書『トランプ経済革命』は、二〇一九年に翻訳出版された『トランポノミクス』（スティーブン・ムーア、アーサー・B・ラッファー共著、藤井幹久訳、幸福の科学出版刊）の続編にあたります。

『トランポノミクス』の原著は、トランプ大統領が公式ツイッターで紹介したことで、トランプ政権の事実上の公認本となった全米話題作でした。

「スティーブン・ムーアとアーサー・ラッファーという二人の優れた人物が、私の経済政策についての素晴らしい本を完成させてくれた。その名も、『トランポノミクス』だ」

「これまでの私の見解や思想を、しっかりと描くという立派な仕事を成し遂げてくれた。とても面白くて、ものすごい本が絶賛発売中だ」（二〇一八年十一月二十九日）

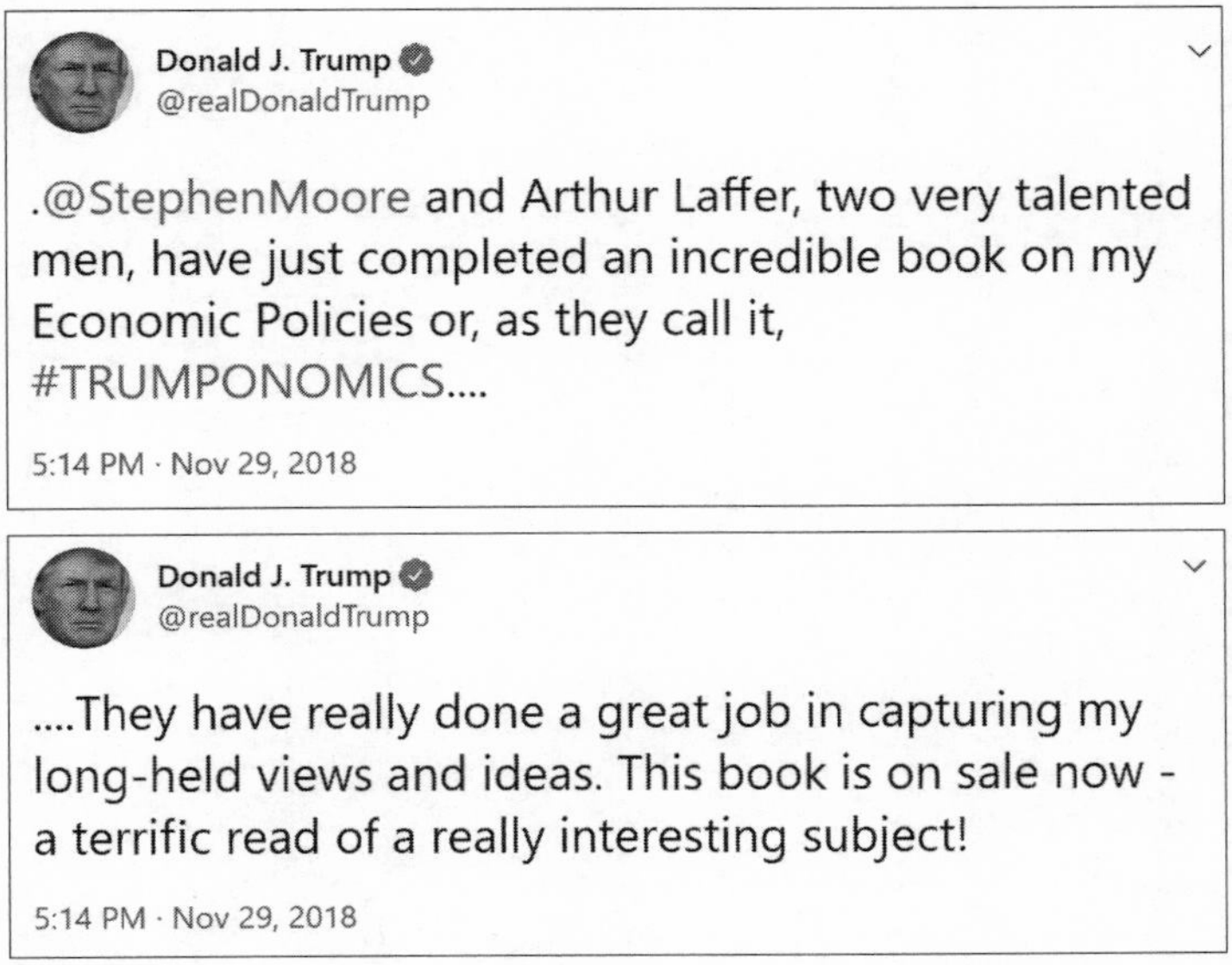
Donald J. Trump
@realDonaldTrump

.@StephenMoore and Arthur Laffer, two very talented men, have just completed an incredible book on my Economic Policies or, as they call it, #TRUMPONOMICS....

5:14 PM · Nov 29, 2018

Donald J. Trump
@realDonaldTrump

....They have really done a great job in capturing my long-held views and ideas. This book is on sale now - a terrific read of a really interesting subject!

5:14 PM · Nov 29, 2018

トランプ大統領の公式ツイッター 2018 年 11 月 29 日

日本人の読者にとっては、ドナルド・トランプという人物の個性と考え方が、側近ブレーンの視点からリアルに描写された、迫真のノンフィクションとしても読まれました。評論家の宮崎正弘氏からは、発売即日に、「当時のトランプ陣営のインサイドストーリーは、実に面白い」（メールマガジン「宮崎正弘の国際情勢解題」より）との書評が寄せられたほか、近著の『「コロナ以後」中国は世界最終戦争を仕掛けて自滅する』（徳間書店刊）でも紹介されました。

さて、本書『トランプ経済革命』の主なポイントは、次の通りです。

①トランプ大統領とトランプ政権をめぐる実情が、メディアで歪曲された間接情報としてではなく、トランプの側近ブレーンという至近距離の立場から直接に語られています。
②アメリカ経済を復活させたトランポノミクス（トランプの経済政策）の最新事情が、前著『トランポノミクス』以降での直近の話題をふまえて紹介されています。
③二〇二〇年米大統領選でのトランプVSバイデンの対決の背景には、ビジネス志向VS社会主義志向という思想の対立軸があることを分析しています。
④コロナ経済危機に直面するトランプ政権の政策対応が論じられています。また、世界的

な経済危機の到来を背景に、大恐慌時代の経済政策を検証しています。

⑤日本の消費増税についての見解など、トランプの経済顧問から見た日本経済事情への独自の視点が語られています。特に、現代アメリカを代表する経済学者であり、一九八〇年代の日本経済の全盛期を知るアーサー・ラッファー博士からは、日本の将来への熱い期待が託されています。

本書『トランプ経済革命』をきっかけとして、トランポノミクスの全体像を知りたい方には、前著『トランポノミクス』を一読されることをお薦めします。『トランポノミクス』では、本書で話題とされるテーマの背景事情が、専門的な見地からより詳細に論じられています。

また、ドナルド・トランプ大統領の誕生がアメリカ政治史上では最大級の逆転劇となり、その後のアメリカ経済が奇跡的な復活劇を遂げたことが、ドラマチックな数々の名場面として展開されていくところも読みどころです。

奇跡は必然だった!!

『トランポノミクス』の発刊に際して、幸福の科学グループ・大川隆法創始者兼総裁からは、

「これがトランプ経済の成功の必然性を知る唯一の本だ。奇跡は必然だった!!」

との推薦の言葉を寄せていただきました。

この推薦文を手がかりとして、『トランポノミクス』の内容を簡単にご紹介しておきたいと思います。

『トランポノミクス』の物語は、二〇一六年大統領選の公約づくりに参画することになるアーサー・ラッファー、ラリー・クドロー、スティーブン・ムーアの三人が、マンハッタン五番街にあるトランプ・タワー二十六階のトランプの執務室に集合する場面から始まっていきます。アメリカ経済を再生させた政策構想が、ドナルド・トランプ本人とこの三人が同席した議論の場から生まれていくことになるのです。

また、激戦が繰り広げられた選挙戦のさなかに、トランプが全米遊説で移動中のプライベート・ジェットの機内では、ごく少人数での作戦会議が進行していく場面も紹介されていきます。あるときは、ラリー・クドロー（現在、国家経済会議委員長）とスティーブン・ムーアのほか、スティーブン・ムニューシン（現在、財務長官）、ニュート・ギングリッチ（元下院議長）、ジャレッド・クシュナー（現在、大統領上級顧問）らの錚々《そうそう》たるトランプ陣営の最高幹部メンバーが同乗していたことも描写されています。

同じく機内での別の場面では、保護貿易論者だと批判されていたトランプが、「自由で公正な貿易」という選挙演説での反撃のためのフレーズを誕生させた瞬間がいきいきと描かれています。この決め台詞《ぜりふ》は、有権者の心をつかんで選挙戦を逆転勝利させたばかりでなく、このときすでに、現在の米中貿易戦争にまで展開していくシナリオが、象徴的に語られていたことが分かります。

『トランポノミクス』には、その場に立ち会っていた当事者でなければ、決して知ることができない数々の名場面が満載されています。そのいずれもが、歴史をつくり出した瞬間となりました。

こうした場面を垣間見ていくときに、トランプ政権の三年間によるアメリカ経済の復活が、決して偶然の産物などではなかったことが分かります。

大統領選に出馬したトランプが描いていたビジョンは、側近ブレーンたちによって政策として具体化されていきました。政権発足後に続々と公約が実行されていったときに、当事者たちの当初の予想さえも超える成果として結実しました。こうしたストーリーが展開していくときに、読者はトランプ経済の成功の必然性があったことを、はっきりと理解することができるのです。

トランプ暴露本の虚実

ちなみに、トランプ暴露本として、二〇一八年に爆発的なベストセラーになったとされる『炎と怒り——トランプ政権の内幕』（マイケル・ウォルフ著、早川書房刊）の日本語版では、ジャーナリストの池上彰氏が巻末に解説を執筆しています。

そこでは、「驚くほど政策を何一つ知らない人物。この本は、そんなトランプ大統領の姿を描き出す」と痛烈な批判が浴びせられています。そして、「オバマケアを批判はしても、どのように改革するのかについてのコメントはない。オバマ前大統領が導入した施策のすべてをひっくり返したいという思いだけが伝わってくる」と解説されています。

しかし、本書『トランプ経済革命』でのムーア氏の医療保険制度改革についての言及を見れば、この解説での指摘が、実態とはまったく異なっていることが分かります（七四ページ参照）。トランプ政権の基本方針は、企業の経済活動の自由を尊重して、政府の介入を排除することにあります。もちろん、それが企業経営者出身であるトランプ大統領の考え方に基づくものであることは、本書では繰り返し指摘されています。

二〇一六年大統領選の当時からの日米のメディア報道でも、「トランプはまったく政策を理解しない政治の素人にすぎない」という見解が共通項となっていました。しかし、それは、まったく事実無根だったということです。日米ともに、当時の大手メディアの論調も専門家と称する人たちの分析も、ほとんど完全に間違っていたことになります。

このような事情となる理由としては、日本の大手メディアによるアメリカ報道が、左翼リベラル系を基調としているアメリカの大手メディアの報道を引用元としているからだとの指摘もあります。つまり、トランプに敵対する姿勢を鮮明にしてきたニューヨーク・タイムズ紙やCNNに依拠しているのであれば、偏向した内容になって当然ということです。

これに対して、『トランポノミクス』は、トランプの経済顧問たちが執筆した事実上の公式ガイドブックにあたります。それは、トランプ政権で重要な経済政策の司令塔役を務めているラリー・クドロー国家経済会議（NEC）委員長が、現職の立場にあって序文を寄せている事実からも明らかです。

この序文で、クドロー委員長は、トランプと運命を共にしてきた心情を吐露しています。

「あまりにも壮絶な戦いだった。トランプが『アメリカを再び偉大な国に』するのを助けるために参加したのだが、そのことで、私たちは非難を浴びたこともあった。トランプを支持することが、かっこいいと思われるようになる前から、私たちはトランプの味方だった」（『トランポノミクス』十二ページ）

つまり、『トランポノミクス』は、数々の玉石混交のトランプ関連本やトランプ情報のなかでは決定版となる唯一の本でもあるのです。

本書『トランプ経済革命』での証言を見ても、トランプは決して無知でも素人でもなく、ビジネスマンらしく固定観念にとらわれず、成果本位の考え方をする人物であることが分かります。本書のなかでラッファー博士が語っている通り、世界的な名経営者として知られたジャック・ウェルチがトランプを称賛していたことも、その傍証となるでしょう（一三六ページ参照）。

サプライサイド経済学の父

さて、共著者にまつわるエピソードもご紹介しておきましょう。

アーサー・ラッファー博士も、スティーブン・ムーア氏も、現地アメリカではＦＯＸニュースなど大手メディアには頻繁に登場する著名人であり、トランプ政権を理解するためにも最重要となる人物ですが、なぜか日本語ではあまり紹介されていません。

両氏が依拠しているサプライサイド経済学は、いわば減税の経済学です。消費増税で政界・官界・財界・学界・メディア界が大同団結する日本では、こうした考え方が「不都合な真実」にあたることも理由であるのかもしれません。

ラッファー博士は、一九八〇年代にレーガン大統領の経済顧問を務めて、レーガノミクスの立役者となりました。同時に、ラッファー曲線の逸話も、一世を風靡《び》するエピソードとなって世界を席巻することになりました。一九七四年にラッファー曲線が描かれたとされるナプキンの実物は、現在では、すでに国立アメリカ歴史博物館（ワシントンDCにあるスミソニアン博物館群のひとつ）に所蔵される歴史的記念品となっています。

本書でも紹介されている通り、ラッファー博士の提言は、カリフォルニアの「納税者の反乱」を嚆矢《こうし》として、サッチャー首相との交流を通じて、一九八〇年代のイギリス経済を再生させることにもなりました。そして、現代ではトランプ減税の主唱者となり、アメリカ経済をオバマ時代の停滞から脱却させました。

二〇一九年六月には、ラッファー博士は、トランプ大統領から米国市民としては最高栄誉とされる大統領自由勲章を贈られています。受章から間もない頃に、ニューヨーク市内のレストランで面会した折に訳者から祝意を伝えると、八十歳近い高齢でありながらも少年のように天真爛漫《らんまん》に喜ばれていた表情が印象的でした。

ちなみに、ホワイトハウスでの授章式では、トランプ大統領から「四十代にしか見えない」との親愛の情が込められたジョークを交えながら、このような祝辞が贈られました。

「アーサー・ラッファー博士は、経済思想と経済政策を大変革させた歴史上稀《まれ》に見る人物だ」「名だたる学者たちからは、この（ラッファー曲線の）考え方は『気違いじみている』

とか、『完全にいかれている』とか、『あまりにも奇抜だ』との声が上がったものだ。しかし、やがてアート（アーサーの愛称）は、その自信にあふれる楽観思考と類まれなる知性によって、そうした指摘がすべて誤りであることを、さまざまな場面で証明してしまった」

こうして「サプライサイド経済学の父」としての功績が讃えられ、偉大な経済学者として米国史にその名が刻まれることになったのです。

冷戦を勝利させたレーガノミクス

レーガノミクスでは双子の赤字が拡大したとの批判もありますが、『トランポノミクス』では、次のように言及されています。

「一九八〇年代に、ロナルド・レーガン大統領は国の借金を三倍にした。だが、この借金のおかげで、長期にわたる素晴らしい成果として二つの使命が完遂されることになった。

第一には、冷戦期において、ソ連という〝悪の帝国〟を倒すための軍備を拡張する資金として使われた。世界の人々を共産主義の専制体制から解放して、自由をもたらすことに貢献したのだ。

第二には、借金は減税の埋め合わせになった。これによって、アメリカ経済は一九七〇年代の恐るべきスタグフレーションから立ち直ることができた。借金は二兆ドル増えていたが、アメリカの国富は、少なくとも八兆ドルは増えていた。

こうした借金は、そのコストを何倍も上回る成果を生み出したことになる。第二次世界大戦に勝利するためにも借金をしたが、間違いなく、それが正しいお金の使い方だったのと同じことだ」(『トランポノミクス』一二〇ページ)

レーガノミクスによる八〇年代のアメリカ経済の繁栄が、対ソ冷戦での最後のとどめの一撃となったのであれば、ラッファー博士は、悪の帝国との世界覇権戦争での勝利に貢献した名軍師であったことになるでしょう。本書で指摘されている通り、レーガン政権以来の長期の景気拡大は、一九九〇年代のクリントン政権まで継続していきました。冷戦終結による平和の配当の恩恵もあり、クリントン政権下では財政黒字化が達成されることになりました。

そして、レーガン時代から約四十年のときが流れ、現在のトランプ政権では、米中覇権戦争に突入する様相を呈しています。レーガン時代と同様に、トランポノミクスによってアメリカ経済を強化することに成功したトランプ政権は、世界覇権を狙う中国共産党政権と対決する強硬路線を進めてきたのです。

「現在の中国に対して非常に強硬な姿勢を取り、中国政府に譲歩を迫るよう圧力をかけることは、アメリカの経済と安全保障にとって極めて重要なことだと私たちは考えている。今後の十年から二十年で起きるかもしれない中国との〝熱い戦争〟の懸念と比べれば、目先で中国と緊張関係が生まれることのコストは、些《さ》細な問題であるからだ」（『トランポノミクス』三五〇ページ）

現実に、近い将来に米中戦争が勃発する事態が起こりうるとの前提で、アメリカの覇権に脅威となる中国に対して制裁関税を手段とした圧力を行使してきたということです。それがトランプの意図であることが、側近ブレーンの立場から明確に証言されています。

ムーア氏を敵視したマンキュー発言

スティーブン・ムーア氏は、二〇一九年三月にトランプ大統領からFRB理事候補に推薦された際に、日米メディアでの注目を集めました。トランプとパウエルFRB議長との路線対立を背景として、ムーア氏の指名は事実上の政治問題となりました。

トランプ大統領の公式ツイッターでは、トランプが指名の意向を表明したときと、指名を断念したときの両方のタイミングで言及されています。どちらのツイートからも、トランプとの親密さが十分にうかがえます。

「非常に高名なエコノミストであるスティーブ・ムーアを、FRB理事に指名することを発表できて、とても嬉しい。私は、スティーブとは長年の知り合いだが、傑出した人物を任命することになるのは間違いない！」（二〇一九年三月二十二日）

「スティーブ・ムーアは経済成長を重視するエコノミストで、実に素晴らしい人物なのだ

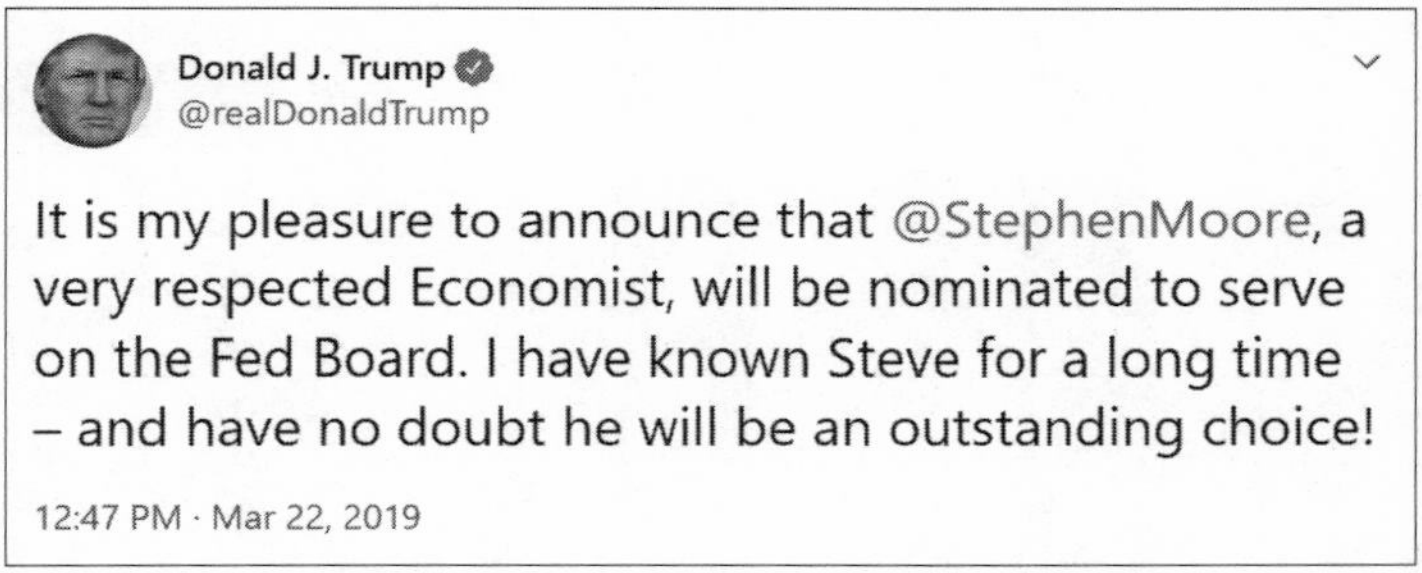

Donald J. Trump
@realDonaldTrump

It is my pleasure to announce that @StephenMoore, a very respected Economist, will be nominated to serve on the Fed Board. I have known Steve for a long time – and have no doubt he will be an outstanding choice!

12:47 PM · Mar 22, 2019

トランプ大統領の公式ツイッター 2019 年 3 月 22 日

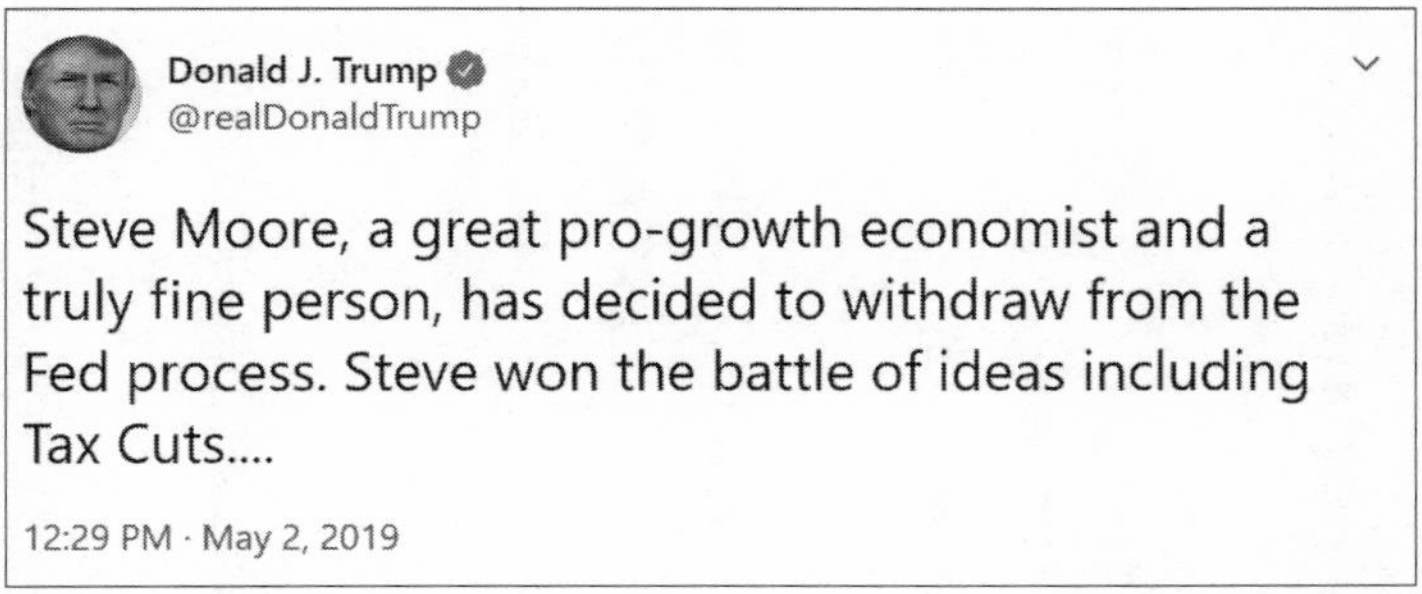

Donald J. Trump
@realDonaldTrump

Steve Moore, a great pro-growth economist and a truly fine person, has decided to withdraw from the Fed process. Steve won the battle of ideas including Tax Cuts....

12:29 PM · May 2, 2019

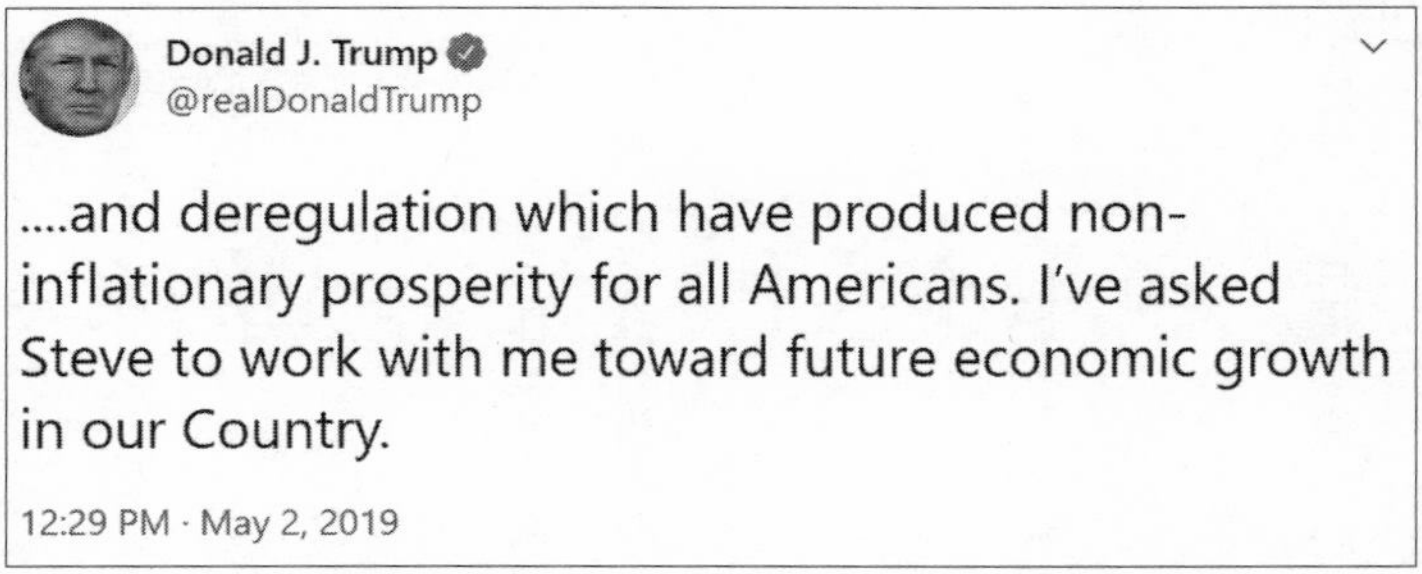

Donald J. Trump
@realDonaldTrump

....and deregulation which have produced non-inflationary prosperity for all Americans. I've asked Steve to work with me toward future economic growth in our Country.

12:29 PM · May 2, 2019

トランプ大統領の公式ツイッター 2019 年 5 月 2 日

が、ＦＲＢへの指名のプロセスから撤退することになった。スティーブが、減税や規制の廃止のために戦ってきてくれたおかげで、すべてのアメリカ人にインフレのない繁栄がもたらされた。今後も共に、この国のために未来の経済成長を実現する仕事をしてもらいたいと頼んだところだ」（二〇一九年五月二日）

ムーア氏のＦＲＢ理事への指名問題では、上院での指名承認が得られる見込みが立たずに撤退する結果になりました。このときに話題になったのが、経済学教科書『マンキュー経済学』（東洋経済新報社刊）で著名なマンキュー教授の発言でした。

「共和党議会指導部に近いグレゴリー・マンキュー米ハーバード大教授は『ムーア氏には知的な威厳がなく、上院は承認すべきではない』と批判し、上院の議論に強く影響を与えた」（日本経済新聞二〇一九年五月四日）

こうしたニュースの背景には、マンキュー教授がサプライサイド経済学を「いかさま師と変人たち」と表現して物議をかもしたエピソードがあったことも、本書では紹介されています（一五四ページ参照）。

ところで、大川隆法総裁が創立者となるハッピー・サイエンス・ユニバーシティ（HSU）のための英語教材『黒帯英語十段③』（幸福の科学発行、非売品）では、『トランポノミクス』英語原書の要点抄訳が収録されています。編著者である大川隆法総裁による「まえがき」の一節では、このように記されています。

「三〇〇ページ近い原書を簡潔にまとめたが、トランプ大統領の経済政策が実によくわかる。また同時に幸福実現党との政策が似ていることもわかる。日本の他の政党はこの『トランポノミクス』を理解していないのである」

さて、『マンキュー経済学』は、現代の経済学部生にとっての定番教科書とされていますが、グレゴリー・マンキュー教授はニュー・ケインジアンの立場とされています。本書では繰り返し批判されているケインズ経済学の系譜にあたります。現在の日本の大学で、サプライサイド経済学についての講義が行われている大学があるのかは、訳者は寡聞《か》にして知りませんが、HSUでは、サプライサイド経済学に基づいたアメリカ経済の最新事情を学ぶことができる最先端の学問研究の場を提供していることになります。

トランポノミクスと幸福実現党の政策

大川隆法総裁の法シリーズ最新刊『鋼鉄の法』（幸福の科学出版刊）では、トランポノミクスと、二〇〇九年に立党された幸福実現党の政策との関係について、このように語られています。

「『Trumponomics（トランポノミクス）』はまだ翻訳されていないので（訳者注　現在、幸福の科学出版から発刊）、日本の人はほとんど読んでいないでしょうが、その本のなかで言っていることは、幸福実現党が十年前に立党してから言っていることとほとんど同じです。

トランプ氏は、二〇一六年の大統領選で大統領になりましたが、私たちが二〇〇九年から言っていることを、ほとんどまねしているかのようにやっています。もちろん、実際にまねをしたわけではないでしょうが、インスピレーション元がほとんど同じであるため、言っていることも同じようなことになるわけです。

幸福実現党が言っている政策は、日本では非常に珍しく、国民の多くは信じられないと思っているのでしょうが、トランプ氏にインスピレーションを与えている〝震源元〟に訊いてみると、日本とアメリカの両方に、ほとんど同じインスピレーションが降りているのです。

日本では、アメリカで言う『共和党』と『民主党』のような二大政党がなく、アメリカの共和党に当たる政党は今までなかったのです。

日本には、自民党という政党があり、長く政権を握っています。この自民党を『タカ派』だと思っている方もいるでしょうが、安倍首相など『タカ』のうちに入りません。ほとんど『ハト』です。自民党は今、どんどん〝左旋回〟というか、左のほうに寄っていっています。左のほうの共産党や社民党などが言っているような政策をどんどん取り込みに入っていて、自民党はどんどん左へ左へと行っています。

自民党は、アメリカで言えば民主党に当たり、共和党に当たるのは、実は幸福実現党なのです」

「アメリカであれば、幸福実現党の考え方で大統領が出るのです。この考え方でよく、ほとんど間違っていないわけです。『Trumponomics（トランポノミクス）』を読めば分かりますが、『黒帯英語』で来年出す予定なので（既述の『黒帯英語十段③』）、そちらの抄訳をお読みくださってもよいでしょう。幸福実現党とほとんど同じことを言っています」

日本国内では、自民党が保守であり、野党系が左翼リベラルであるとの通念があります。しかし、その経済政策を世界標準の視点で見れば、違った風景が見えてくるということです。社会保障を拡大させて、増税の大義名分としてきた近年の自民党政権の経済政策は、明らかに「大きな政府」を志向するリベラルな立場に分類されることになります。そして、本書でのラッファー博士の指摘では、この政策の流れこそが、日本経済の長期停滞を招く原因になったと論じられています。

同じく『鋼鉄の法』では、経済政策の具体的な方向についても提言されています。

「『幸福実現党が言っている、消費税を八パーセント（当時）から五パーセントに下げるなどというのは、財政赤字が増えるだけではないか』と考える人が多いかもしれませんが、私たちが言っているのは、そういうことではないのです。

企業減税や、あるいは相続税の見直しなども含めて、景気全体がよくなって発展していくことで、税収も増えますし、さらには、経済の規模そのものが大きくなることで、税収が増えるだけでなく、年金問題とか、いろいろな問題も全部、解決されるのです」

本書でも紹介されている通り、ラッファー曲線の考え方では、税率が高すぎる領域に入っている場合には、税収はかえって減少することになります（一五二ページ参照）。つまり、その場合にあるときは、税率を下げることが正しい選択であり、経済成長につながるということです。

また、減税で景気がよくなれば、ＧＤＰが拡大して税収も増え、政府債務の問題も解決に向かうという考え方については、本書では、ムーア氏からも「政府債務の問題を解決する答えは、経済成長である」との趣旨で同じ内容が指摘されています（八三ページ参照）。

つまり、大川隆法総裁が二〇〇九年に立党した幸福実現党の政策は、レーガン政権だけでなく、トランプ政権でも同様に実証された、アメリカ経済を繁栄させた考え方と基本的に一致しているのです。

トランプ大統領の誕生は予言されていた

さて、現在となれば、トランプ当選によってアメリカ国民が報われる結果になったことは明らかですが、二〇一六年の選挙戦を思い起こしたときに、日米メディアとも、投票日当日までトランプ当選との予想はほとんど皆無でした。

しかし、大川隆法総裁は日本を代表する宗教家として、そして、世界最高の霊能者として、トランプ大統領の誕生を、少なくとも三回にわたり予言しています。

一九八六年に立宗された幸福の科学の草創期にあたる一九八九年の公開セミナーでは、当時の話題作となっていた『トランプ自伝』を読んだ読後感として、将来、トランプが大統領になるのではないかと予感したことが述べられています(大川隆法著『常勝思考』幸福の科学出版刊)。現在から約三十年前の時点で、霊感による未来予知がなされていたことになります。当時のトランプは四十代で、マンハッタン五番街にトランプ・タワーを建設して不動産王としての名声を高めていた頃のことでした。

また、二〇一六年一月には、米大統領選の行方を占うためにトランプ守護霊の公開霊言インタビューが行われました（大川隆法著『守護霊インタビュー　ドナルド・トランプアメリカ復活への戦略』幸福の科学出版刊）。その対話のなかで、トランプ守護霊は「私こそ最強の大統領だ」と力強く述べています。著者の「まえがき」でも、「なんとこの本で、私たちは、強い次期大統領候補を見つけたのだ」と、トランプ大統領の誕生を大胆にも予告しています。当時の共和党予備選は混沌とした状況で、出馬当時に泡沫《ほうまつ》候補と見なされていたトランプが、よもや大統領選の本選で勝利するというシナリオはまったく想定されていない時期のものでした。

さらに、大統領選投票日が約一カ月後に迫る二〇一六年十月二日には、ニューヨーク講演会が開催されました。この英語講演で、大川隆法総裁はアメリカ人の聴衆を前にして、ドナルド・トランプについて、このように述べました。

「日本で彼を霊査したところ、守護霊が自ら『自分の過去世はアメリカ初代大統領、ジョージ・ワシントンである』と宣言しました。それはつまり、彼がアメリカを再建するということでもあります。私は、その言葉を信じたいと思います。彼はこの国をつくり変え、再建するでしょう」

「私としてはドナルド・トランプ氏のほうが好ましく、彼はアメリカをより偉大な国にしてくれると思います」
「トランプ氏によって、新たなアメリカが再建されることを願っています」（『大川隆法ニューヨーク巡錫の軌跡　自由、正義、そして幸福』幸福の科学出版刊）

この時点でも、日米のメディアではトランプ劣勢が報じられ、日本政府でもヒラリー勝利が確信されていた状況でした。しかし、大川隆法総裁は選挙情勢の趨《すう》勢にかかわらず、ジョージ・ワシントンの再来であるトランプの支持を明言し、アメリカ再建の使命を託していたのです。

トランプの選挙集会での演説のボルテージが一段とあがり、あたかも預言者のごときバイブレーションが聴衆を震撼《かん》させ、当選に向かって形勢が流動化し始めたのは、この講演会の直後からのことでした。

当日の講演会場となったニューヨーク市内クラウンプラザ・タイムズスクエアには、旧知のロバート・トムソン氏も来賓《ひん》として参加していました。フィナンシャル・タイムズ紙東京支局在勤時代の一九九一年に、大川隆法総裁にインタビューを行って以来の縁によるものです（大川隆法著『フランクリー・スピーキング』幸福の科学出版刊）。トムソン氏は現在では、ウォールストリート・ジャーナル紙の親会社ニューズコープ社CEOを務め、米メディア界の超大物として知られる人物となっています。

海外からの反消費増税の包囲網

ところで、二〇一九年十月の安倍政権による一〇パーセントへの消費増税に関しては、月刊ザ・リバティ誌二〇一九年六月号にスティーブン・ムーア氏のインタビュー記事が掲載されています。このときに、ムーア氏は消費増税について「最悪の選択である」と述べていました（本書八一ページ参照）。

ムーア氏のインタビューは、現在のオフィスであるヘリテージ財団で行われましたが、ウォールストリート・ジャーナル紙編集委員を務めた経歴があることも知られています。

やがて消費増税が実行された結果として、日本経済の失速が鮮明になると、海外の大手経済紙からは、安倍政権の消費増税を鋭く批判する論説が続出することになりました。日本の大手紙も、次のように報じています。

「米紙ウォールストリート・ジャーナル（ＷＳＪ）は十八日の社説で、昨年十月の日本の消費税率引き上げが『大失態』だったと酷評した。昨年十～十二月期の国内総生産（ＧＤＰ）が大きく落ち込んだためで、英紙フィナンシャル・タイムズ（ＦＴ）も安倍晋三政権の増税判断に批判的な社説を掲載。米英の大手経済紙がそろって日本の経済政策への懐疑論を掲げている。

十七日に発表された昨年十～十二月期のＧＤＰが、年率換算で六・三％減を記録したことについて、ＷＳＪは『多くの人が警告していた通り』と指摘。一九九七年と二〇一四年の増税時と同様に、日本経済の苦境を招いたとの見方を示した」（産経新聞二〇二〇年二月二十日）

こうした海外紙の論調に先立ち、二〇二〇年一月五日に、大川隆法総裁は年頭の講演となる「『鋼鉄の法』講義」で、すでに次のように述べていました。

「『アベノミクスは事実上、終わった』と考えてよいでしょう。

私は、『税率を下げることが経済成長につながる』と言い続けています。これは今、アメリカがやっていることですし、一九八〇年代にすでに実験が終わっていることなのに、それを理解できなかったということが大きいでしょう」
「『政府がどれほど力を入れて、個人のお金や企業のお金を使わせ、そして、経済の市場原理をコントロールしようとしても、これに成功したことはほとんどない』ということは知ったほうがよいでしょう。これはアダム・スミスの時代からそうです。できないのです。やってはいけないことなのです。これをできると思うところは、だいたい『共産主義』や『社会主義』といわれる国になります。

実際に、お隣の中国はそれをやっているので、まもなく大崩壊を起こすだろうと思います。中国が大崩壊を起こしたら、中国との経済関係で多大な被害を被る企業の方々は、そろそろ、『代替手段をどのようにしてやるか』ということを考えたほうがよいでしょう。

まだ国内の給料は少し高いかもしれませんが、できれば、国内でつくれるものは国内でつくり、サービスでも、できるものは国内で行い、安いからというだけで外国に全部投げるのは、そろそろやめたほうがよいのではないかと思います」（大川隆法著『新しき繁栄の時代へ』幸福の科学出版刊）

アメリカではトランポノミクスの成功が実証されていた、まさにそのときに、日本では、安倍政権の消費増税によってアベノミクスが終焉することになったのです。大川隆法総裁は、今後の中国情勢の波乱も予見して、日本もジャパン・ファーストに舵を切ることも提言しています。

「小さな政府」「安い税金」の国家構想を

この講演の直後から、世界はコロナ・パンデミックの時代に突入していきました。大川隆法総裁は、今後の混乱していく世相を見通したうえで、アフター・コロナの指針を、すでに近著で述べています。

「基本的には、『大きな政府の考え方では財政赤字から抜け出すことはできないし、人間を堕落させる傾向がある』ということは、はっきりと言っておきたいと思います」

「信用をつくること。勤勉に生きること。自己責任において判断をすること。また、お互いに助け合う精神を忘れないことです。そして、国の介入、あるいは地方自治体の介入は

最小限にとどめるべきです」（大川隆法著『人の温もりの経済学』幸福の科学出版刊）

本書で繰り返し語られていることも、国民の自由を尊重して、小さな政府を目指すことです。そして、古今東西の歴史が教えている通り、重税は国を滅ぼすというシンプルな教訓です。ラッファー博士が懸念している通り、繰り返される消費税の増税路線は、亡国の予兆と見ることができるのです。

二〇〇九年六月に大川隆法総裁が発表した聖徳太子霊示による「新・日本国憲法試案」（前文と全十六条）では、次のような条文が示されています。

「第十一条　国家は常に、小さな政府、安い税金を目指し、国民の政治参加の自由を保障しなくてはならない。」（大川隆法著『新・日本国憲法試案』幸福の科学出版刊）

新生日本の国家構想としては、この「小さな政府」「安い税金」というシンプルな指針を欠かすことはできないのです。

本書『トランプ経済革命』が構想されたのは、トランプ大統領がコロナ危機対応で国家非常事態宣言を発令しながらも、他方では、早期の封鎖解除のための経済再開対応チームの発足が急がれていた頃でした。

前著『トランポノミクス』をより深く理解するための日本人読者を対象とした日本語版オリジナル本を出版したいとの訳者の提案に対して、かねてより交流のあるアーサー・ラッファー博士とスティーブン・ムーア氏からの格別のご厚意により、独占インタビューが快諾されたところから、本書の企画は始まりました。両氏ともに、ホワイトハウスとの政策対応やFOXニュースなどでのメディア出演で多忙をきわめるなかで、トランプ政権の成功体験を日本の読者にも幅広く知ってもらいたいとの願いのもと、本書のインタビューのための面会が重ねられていきました。

当時、訳者は米国滞在していましたが、ニューヨーク・マンハッタンの繁華街や、首都ワシントンDCの街並みが、文字通り一瞬のうちにゴーストタウンと化していき、やがて世界恐慌の危機が到来することが予感されるなかで、本書の制作が進められたことになります。

アーサー・ラッファー博士と、スティーブン・ムーア氏の両氏からは、日本人の読者に向けて、「日本を再び偉大な国に」とのメッセージが託されました。本書『トランプ経済革命』は、日本が再び偉大な国として再生するためのヒントとなります。

大川隆法総裁は、前回のアメリカ大統領選の直後となる二〇一六年十二月七日の大講演会「真理への道」で、「もはや『トランプ革命』と呼ばなければいけない時代に入っているのです」と述べ、トランプ大統領の誕生が天命であったことを語りました（大川隆法著『繁栄への決断』幸福の科学出版刊）。この意味でも、奇跡は必然だったことになります。

アメリカを再建するためのトランプの戦いは、現在も続いています。本書『トランプ経済革命』は、いわば「トランプ革命」の経済編の実録にあたります。

本書が、これから迫り来る世界経済の混迷の時代にあって、正しい指針を見出すための一助になることを願っています。

「日本が再び偉大な国に」なるときに、日本は、自由のもとに繁栄する国家となり、世界のリーダーとなる時代を迎えることができるでしょう。本書が、そうした国家百年の計を構想するための参考となれば幸いです。

スティーブン・ムーア
Stephen Moore
ヘリテージ財団特別客員フェロー。元ウォールストリート・ジャーナル紙編集委員。2016年大統領選ドナルド・トランプ陣営で上級経済顧問を務める。2019年3月に、トランプ大統領からFRB(連邦準備制度理事会)理事に指名の意向を受ける(5月に辞退)。

アーサー・B・ラッファー
Arthur B. Laffer
サプライサイド経済学の父。レーガン政権で経済政策諮問委員会メンバーを務める。レーガノミクスに大きな影響を与えたラッファー・カーブを提唱した。2019年6月に、トランプ大統領より米国市民として最高栄誉とされる大統領自由勲章を授与される。
邦訳に、スティーブン・ムーア、アーサー・ラッファーの共著で『トランポノミクス』(幸福の科学出版刊)、『増税が国を滅ぼす』(ピーター・タナウスも共著、日経BP社刊)。

〔訳者〕**藤井幹久**
東京大学法学部卒。幸福の科学理事(兼)宗務本部特命担当国際政治局長。訳書に『トランポノミクス』(幸福の科学出版刊)。

トランプ経済革命 ―側近ブレーンたちの証言―

2020年8月11日　初版第1刷

著　者　スティーブン・ムーア / アーサー・B・ラッファー
訳　者　藤井幹久
発行者　佐藤直史
発行所　幸福の科学出版株式会社
〒107-0052　東京都港区赤坂2丁目10番8号
TEL 03-5573-7700
https://www.irhpress.co.jp/

印刷・製本　株式会社 研文社

落丁・乱丁本はおとりかえいたします

ISBN978-4-8233-0203-9 C0030
カバー　写真：ロイター / アフロ
装丁（上記・パブリックドメインを除く）©幸福の科学

大川隆法 ベストセラーズ・経済の進路を指し示す

人の温もりの経済学

アフターコロナのあるべき姿

世界の「自由」を護り、「経済」を再稼働させるために──。コロナ禍で蔓延する全体主義の危険性に警鐘を鳴らし、「知恵のある自助論」の必要性を説く。

1,500 円

コロナ不況下の
サバイバル術

恐怖ばかりを煽るメディア報道の危険性や問題点、今後の経済の見通し、心身両面から免疫力を高める方法など、コロナ危機を生き延びる武器となる一冊。

1,500 円

新しき繁栄の時代へ

地球にゴールデン・エイジを実現せよ

アメリカとイランの対立、中国と香港・台湾の激突、地球温暖化問題、国家社会主義化する日本──。混沌化する国際情勢のなかで、世界のあるべき姿を示す。

1,500 円

富の創造法

激動時代を勝ち抜く経営の王道

豪華装丁
函入り

低成長期が30年近く続き、増税による消費不況が予想される今、企業は「正攻法」に立ち返るべきだ。日本を再度、勝ち組に戻すために編まれた経営書。

10,000 円

※表示価格は本体価格(税別)です。

大川隆法 霊言シリーズ・コロナ危機を乗り越える指針

天照大神《あまてらすおおみかみ》の御本心《ごほんしん》

「地球神」の霊流を引く
「太陽の女神」の憂いと願い

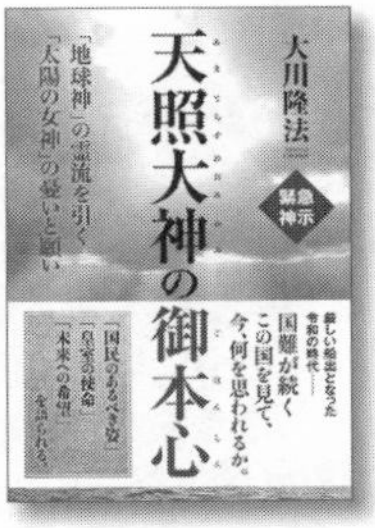

「太陽の女神」天照大神による、コロナ・パンデミックとその後についての霊言。国難が続く令和における、国民のあるべき姿、日本の果たすべき役割とは？

1,400 円

大恐慌時代を生き抜く知恵

松下幸之助の霊言

政府に頼らず、自分の力でサバイバルせよ！ 幾多の試練をくぐり抜けた経営の神様が、コロナ不況からあなたを護り、会社を護るための知恵を語る。

1,500 円

P. F. ドラッカー「未来社会の指針を語る」

時代が要請する「危機のリーダー」とは？ 世界恐慌も経験した「マネジメントの父」ドラッカーが語る、「日本再浮上への提言」と「世界を救う処方箋」。

1,500 円

長谷川慶太郎の未来展望

コロナ禍の世界をどう見るか

「神の政治学」「神の経済学」を21世紀前期に打ち樹てられるか？ 世界恐慌の可能性、米中覇権戦争の行方などを、"霊界国際エコノミスト"が大胆予測！

1,400 円

幸福の科学出版

大川隆法 霊言シリーズ・コロナ危機を乗り越える指針

中国発・新型コロナウィルス感染霊査

中国から世界に感染が拡大する新型ウィルスの真相に迫る！ その発生源や“対抗ワクチン”とは何かなど、宇宙からの警告とその背景にある天意を読み解く。

1,400円

釈尊の未来予言

新型コロナ危機の今と、その先をどう読むか――。「アジアの光」と呼ばれた釈尊が、答えなき混沌の時代に、世界の進むべき道筋と人類の未来を指し示す。

1,400円

イエス・キリストはコロナ・パンデミックをこう考える

中国発の新型コロナウィルス感染がキリスト教国で拡大している理由とは？ 天上界のイエスが、世界的な猛威への見解と「真実の救済」とは何かを語る。

1,400円

コロナ・パンデミックはどうなるか

国之常立神 エドガー・ケイシー リーディング

世界に拡大する新型コロナウィルス感染の終息の見通しは？ 日本神道の神と近代アメリカを代表する予言者が示す「衝撃の未来予測」と「解決への道筋」。

1,400円

※表示価格は本体価格（税別）です。

大川隆法 ベストセラーズ・未来社会のあるべき姿を考える

新・日本国憲法 試案

幸福実現党宣言④

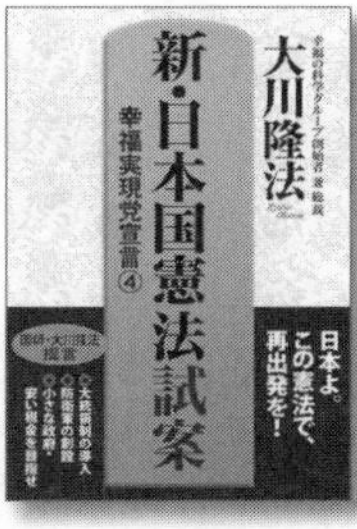

大統領制の導入、防衛軍の創設、公務員への能力制導入など、戦後憲法を捨て去り、日本の未来を切り拓く「新しい憲法」を提示する。

1,200 円

フランクリー・スピーキング

世界新秩序の見取り図を語る

大川隆法総裁のインタビュー＆対談集。渡部昇一氏との対談、海外一流誌などのインタビューを収録。宗教界の最高峰「幸福の科学」の魅力が分かる格好の書。

1,456 円

常勝思考

人生に敗北などないのだ。

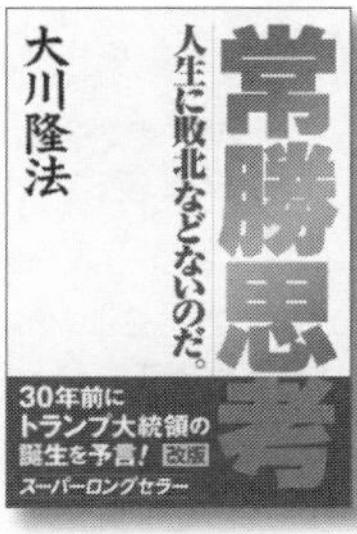

あらゆる困難を成長の糧とする常勝思考の持ち主にとって、人生はまさにチャンスの連続である。人生に勝利せんとする人の必読書。30年前にトランプ大統領の誕生を予言！

1,456 円

現代の貧困をどう解決すべきか トマ・ピケティの守護霊を直撃する

ピケティ理論は、現代に甦ったマルクスの「資本論」だった!？ 世界的ベストセラー『21世紀の資本』に潜む真の意図と霊的背景が明らかに。

1,400 円

幸福の科学出版

大川隆法 ベストセラーズ・地球的正義と繁栄の実現

繁栄への決断

「トランプ革命」と日本の「新しい選択」

ＴＰＰ、対中戦略、ロシア外交、ＥＵ危機……。「トランプ革命」によって激変する世界情勢のなか、日本の繁栄を実現する「新しい選択」とは？

1,500円

大川隆法 ニューヨーク巡錫の軌跡
自由、正義、そして幸福

「不惜身命」特別版・ビジュアル海外巡錫シリーズ

大川隆法 監修　幸福の科学 編

2016年10月、ニューヨークでの奇跡の講演の記録。アメリカの世論を動かし「トランプ革命」へと導いた、アメリカと世界の進むべき未来を指し示す一書。

1,500円

いま求められる世界正義

The Reason We Are Here
私たちがここにいる理由

英語説法
英日対訳

カナダ・トロントで2019年10月に行われた英語講演を収録。香港デモや中国民主化、地球温暖化、LGBT等、日本と世界の進むべき方向を語る。

1,500円

愛は憎しみを超えて

中国を民主化させる日本と台湾の使命

2019年3月に実現した台湾での講演と、同年2月の名古屋での講演を収録した、著者渾身の一冊。誰も言えなかったこの「中台問題」の正論が、第三次世界大戦の勃発をくい止める。

1,500円

※表示価格は本体価格（税別）です。

大川隆法「法シリーズ」

鋼鉄の法

人生をしなやかに、力強く生きる

法シリーズ
第26作

自分を鍛え抜き、迷いなき心で、闇を打ち破れ――。
人生の苦難から日本と世界が直面する
難題まで、さまざまな試練を
乗り越えるための方法が語られる。

第１章　繁栄を招くための考え方
――マインドセット編
第２章　原因と結果の法則
――相応の努力なくして成功なし
第３章　高貴なる義務を果たすために
――価値を生んで他に貢献する「人」と「国」のつくり方
第４章　人生に自信を持て
――「心の王国」を築き、「世界の未来デザイン」を伝えよ
第５章　救世主の願い
――「世のために生き抜く」人生に目覚めるには
第６章　奇跡を起こす力
――透明な心、愛の実践、祈りで未来を拓け

2,000円

幸福の科学の中心的な教え――「法シリーズ」

好評発売中！

幸福の科学出版

※表示価格は本体価格（税別）です。